F. WOLF · PROFESSOR MAMLOCK

Universal Bibliothek

BELLETRISTIK

Friedrich Wolf

PROFESSOR MAMLOCK

Ein Schauspiel

1988

Verlag Philipp Reclam jun. Leipzig

Ein „Mamlock“? – Zwölf Millionen Mamlocks!
von Friedrich Wolf
Nachwort von Wilfried Adling

ISBN 3-379-00254-2

Texte nach: Friedrich Wolf, Ausgewählte Werke in Einzelausgaben, Band 3 und Band 13. Aufbau-Verlag, Berlin 1955 und 1957

Reclams Universal-Bibliothek Band 234
27. Auflage
Reihengestaltung: Lothar Reher
Lizenz Nr. 363. 340/27/88 · LSV 7006 · Vbg. 4,3
Printed in the German Democratic Republic
Grafischer Großbetrieb Völkerfreundschaft Dresden
Gesetzt aus Garamond-Antiqua
Bestellnummer: 660 182 1
(Bestellnummer Schulbuch: 734 109 9)
00050

Pour vaincre les ennemis, il faut de l'audace, encore de l'audace et toujours de l'audace![1]

Danton[2], 1792 auf dem Nationalkonvent

PERSONEN

PROFESSOR MAMLOCK, *Chefarzt der chirurgischen Station*
DR. CARLSEN, *Oberarzt*
DR. HIRSCH, *I. Assistenzarzt*
DR. HELLPACH, *II. Assistenzarzt*
DR. INGE RUOFF, *III. Assistenzarzt*
SCHWESTER HEDWIG, *Operationsschwester*
SIMON, *Krankenpfleger*
DR. SEIDEL, *Chefredakteur des „Neuen Tagblatts“*[3]
ELLEN MAMLOCK, *Mamlocks Frau*
ROLF, *sein Sohn*
RUTH, *seine Tochter*
ERNST, *ein Jungkommunist*
VERWUNDETER ARBEITER

Ort: Chirurgische Station und Wohnzimmer von Professor Mamlock

Zeit: Mai 1932 bis April 1933

Vor der Hindenburgwahl – Mai 1932[4]

Chirurgische Station von Professor Mamlock. Vorbereitungsraum zum Operationssaal. Einzelne fahrbare Krankentragen werden von rechts und links in den Operationssaal gerollt. – Dr. Inge Ruoff und Dr. Hellpach am Waschbecken sich desinfizierend. Die Operationsschwester Hedwig kommt von rechts.

Dr. Inge: Wie ist eingeteilt, Schwester?

Schwester: Zwei Inguinalhernien[5], eine Appendizitis[6], ein Axillarabszeß[7] für die Herren, die putride Choleozystitis[8] für Herrn Professor. *Mit Instrumenten wieder nach links ab.*

Dr. Inge *sich desinfizierend:* Ob wir auch einmal an die Gallenblase und die größeren Sachen kommen?

Dr. Hellpach: Solange Mamlock Chefarzt der Abteilung ist, ausgeschlossen, der läßt keinen anderen 'ran, der operiert noch im Grabe.

Dr. Hirsch von rechts, er legt schon während des Hereinkommens schnell seinen Visitenmantel ab und läßt sich von Simon, der mit ihm eintritt, die Wachstuchschürze anziehen, ihnen folgt bald Schwester Hedwig.

Dr. Hirsch *geschäftig:* Morgen, Kollegin, Morgen, Kollege ... der Alte ist schon im Bau. Heute ist Großkampftag: die zwei Hernien, die Appendizitis, der Axillarabszeß und die große putride Sache für den Alten, und eben ist noch ein schweres Trauma[9] eingetrudelt, was, Simon?

Simon: Stich durch den Oberarm, Brachialis[10] verletzt.

Dr. Hirsch: Wie ist eingeteilt?

Dr. Hellpach: Für die minores gentes[11] wie üblich der Kleinkram, der Hühnermist!

Dr. Hirsch: Na, in den Gallenblasensachen, da ist er doch unbestrittener Champion[12]. – Übrigens, erstaunlich, wie er das aushält, dies stundenlange Stehen am Operationstisch, für ihn wahrscheinlich kein Pappenstiel, bei dieser schweren Kriegsverletzung und Verkürzung seines Beines.

Dr. Inge: Ist er vom Gaul gefallen?

Dr. Hirsch: Zerschmetterung des Oberschenkels durch Granatsplitter.

Dr. Inge: Wissen Sie das genau?

Dr. Hirsch: Weshalb fragen Sie?

Dr. Inge: Könnte ja auch 'ne Fliegerbombe in der Etappe gewesen sein.

Schwester *erregt:* Nichts Etappe, Fräulein Doktor, nichts Etappe! Der Herr Professor, der damals Oberarzt war, der hat mehr Pulverdampf geschmeckt als Chloroform, der stand die vier Jahre vorn bei der Truppe, bekam schon neunzehnhundertsechzehn das EK eins, nach der Schlacht an der Somme.

Dr. Inge: Heißen Dank für die militärische Belehrung, Schwester!

Schwester: Bitte, gern geschehen.

Dr. Hirsch *sich desinfizierend:* Na, glauben Sie, Kollegin, der Alte hätte es in der Etappe überhaupt ausgehalten, so ein Sanguiniker[13], so ein Pykniker[14], so ein Draufgänger und Spartaner! Als wir ihm vor vier Jahren mal einen wandernden Splitter und butternden Sequester[15] aus dem Bein entfernten, was meinen Sie: Nach zwei Wochen stand er wieder im Saal ... ein Pflichtbewußtsein hat der Mann, direkt eisern, direkt preußisch!

Dr. Inge: Kann auch was anderes sein.

Dr. Hirsch *aufsehend:* Zum Beispiel?

Dr. Inge: Zum Beispiel, es gibt Leute ... *Hält an sich.* Ach was, es gibt da so 'ne Art Tüchtigkeit, die förmlich provoziert ...

Schwester: Weil niemand die Gallenblasensache so macht wie er!

Dr. Inge: Brechen Sie sich mal keine Verzierung ab, Schwester! Ich sage schon gar nichts mehr gegen Ihren Professor, aber in diesem Falle wirkt die Nibelungentreue direkt grotesk.

Dr. Hirsch *betont:* Wie meinen Sie das, Kollegin?

Dr. Inge *auf Pupille:* Genauso, wie Sie's verstehen, Herr

Kollege Hirsch! Na, jetzt verpfeifen Sie mich ruhig, sagen Sie ihm, daß ich mir wieder die Schnauze verbrannt habe ...

Auf der fahrbaren Trage wird hereingerollt Dr. Werner Seidel, Chefredakteur des „Neuen Tagblatts", er ist mit einem weißen Laken bedeckt, schon operationsfertig bis auf den Ausschnitt um Gallenblase und Blinddarm, der noch zu „joden" ist, mit ihm kommt der Oberarzt Dr. Carlsen, der stellvertretende Chef der Station. – Seidel ist ein etwas korpulenter Fünfundvierziger mit rundem, von Schmissen zerhacktem Gesicht, alter Korpsstudent.

SEIDEL: Heil und Sieg, meine Herren! Morituri te salutant[16]! Sind die Schwerter schon geschliffen? Aber, meine Herren, vergessen Sie bitte nicht ... die rechte Seite ist die kranke, rechts sitzt die Gallenblase, links das Herz, und den Blinddarm tunlichst drinnen lassen ... man trägt ihn wieder!

Dr. CARLSEN: Beruhigen Sie sich, Herr Doktor, das ist vielleicht die dreitausendste Gallenblase, die Professor Mamlock in seiner Praxis entfernt.

SCHWESTER: Nummer zweitausendachthundertsiebzehn der Cholektomien[17] von Herrn Professor.

SEIDEL *mit dem Torso einer Verbeugung:* Danke, danke, Schwester, sehr gütig! – Ja, glauben Sie, meine Herren, ich würde mich von einem anderen Chirurgen operieren lassen als von Mamlock, als von meinem alten Schulkameraden Hans Mamlock? Nicht mal vom Chefchirurgen des King of England and the British Empire! Ausgeschlossen! Aber Mamlock ... haben Sie einmal gesehen, wie er einen Bleistift spitzt ... mit mathematischer Exaktheit; er mußte für unseren Direx als Sekundaner immer die Stifte spitzen, der geborene Chirurg! Nein, meine Herren, lachen Sie nicht! Keine manuelle Exaktheit ohne geistige Disziplin! Nie kam er eine Minute zu spät zum Unterricht, ich entsinne mich nicht, daß er einen Tag je gefehlt hätte ...

Dr. CARLSEN: Ganz wie hier.

SEIDEL: Exakt wie ein Uhrwerk, hundert Prozent zuverlässig!

Dr. CARLSEN: Also können Sie doch absolut ruhig sein.

SEIDEL: Bin ich ja auch, Herr Oberarzt, bin ich ja auch, nur sehen Sie, in jedem Uhrwerk kann es mal knacksen.

Dr. HIRSCH: Sie erlauben, bei Professor Mamlock wird es nie „knacksen".

SEIDEL: Natürlich nicht, bei ihm nicht ... gestatten, *sich halb aufrichtend* Seidel!

Dr. CARLSEN: Verzeihung – Doktor Seidel, Chefredakteur des „Neuen Tagblatts" – Doktor Hirsch, Doktor Hellpach, Fräulein Doktor Ruoff, Schwester Hedwig.

SEIDEL: Sehr angenehm ... Verstehen Sie mich recht, ich habe grenzenloses Vertrauen zu Ihnen allen, wäre ich sonst hier? Aber, meine Herren, – *leiser* – angesichts solch einer Narkose und so viel weißer Mäntel, da wird meine ... Heißluftphilosophie noch deutlicher.

Dr. HIRSCH: „Heißluftphilosophie"?

SEIDEL: Sie wissen, wo heiße Luftmassen sind, da strömen kalte Luftmassen herein, das Übernormale zieht das Anormale an, und dieser überexakte Mamlock korrespondiert mit irgendeiner Unexaktheit in mir.

Dr. HIRSCH: Na, vielleicht haben Sie überhaupt gar keine Gallenblase.

SEIDEL *erregt, leise:* Gerade das! Sehen Sie, meine Herren, genau das ... diese angeborenen Anomalien[18], diese Kinder mit zwölf Fingern und rudimentärem Schwanzwirbel, oder das Herz auf der rechten Seite und die Leber und Gallenblase auf der linken ...

Dr. INGE: Nun, das werden wir ja sehen, wenn wir aufmachen.

SEIDEL: Sehr liebenswürdig, verehrtes Fräulein ... machen wir also auf! *Legt sich erschöpft zurück.*

Dr. CARLSEN *dazwischen:* Kollegin Ruoff, ich denke, Sie assistieren mir bei der Appendizitis und Transfusion[19].

Dr. INGE: Jawohl, Herr Oberarzt.

Dr. CARLSEN *einteilend:* Herr Doktor Hirsch, Sie übernehmen wohl die Hernie[20], Herr Doktor Hellpach, Sie können Herrn Professor assistieren.

Dr. HELLPACH: Könnte ich nicht lieber bei Ihnen, Herr Oberarzt ...

Dr. INGE: Nee, nee, lieber Hellpach, das ist jetzt mein Platz, geben Sie sich mal 'nen Ruck, überwinden Sie sich mal ...

Dr. HIRSCH: Was heißt das?

SEIDEL *sich aufrichtend:* Aber meine Herrschaften, wegen dem bißchen anormalen Situs[21] bei mir, der eventuellen linken Gallenblase... Nur Mut, meine Herren, meine Zeitung verlangt mich, gerade jetzt vor den Wahlen... stürmische Zeiten, meine Herren, ernste Zeiten...

Dr. HIRSCH *begeistert:* Große Zeiten!

SEIDEL: Eiserne Zeiten! Es lohnt sich wieder, zu leben und einen Standpunkt zu haben...

Dr. INGE: Standpunkte haben wir Dutzende gehabt in den letzten Jahren; Standpunkte sind eine individuelle Sache, eine demokratische Sache, eine Sache von tausend Willen: Was unser Volk heute braucht, das ist e i n Wille, das ist ein F ü h r e r !

SEIDEL: Und haben wir den etwa nicht? Unseren herrlichen greisen Führer, den Treuhänder des ganzen Volkes?

Dr. INGE: Was ist schon euer Hindenburg?

Dr. HIRSCH: Er ist der Führer für alle, die im Felde standen!

Dr. HELLPACH: Wo standen Sie doch im Felde, Kollege Hirsch?

Dr. INGE: Waren Sie nicht beim Train, Kollege Hirsch?

Dr. HIRSCH *gereizt:* Jawohl, „beim Train", Kollegin Ruoff!! Dutzende Fliegerbomben gingen über unserem Pferdeersatzdepot nieder; einmal brauste solch schwerer Kohlenkasten der englischen Langrohre mitten in unser Lager ... eine Detonation, als zerplatzte die Erde, fünfzehn Gäule, sechs Tote und über ein Dutzend verwundeter Kameraden blieben auf der Strecke.

SEIDEL: Grauenhaft!

Dr. INGE: Was sind ein Dutzend gefallener Soldaten, wenn ein Volk um seinen Platz an der Sonne ringt?

SEIDEL: Jeder gefallene Soldat, Fräulein Doktor, ist eine verlorene Schlacht; die Menschheit kämpft heute mit anderen Mitteln...

Dr. HELLPACH: Es gibt keine Menschheit, es gibt nur ein V o l k ! Und jedes Volk, das auf Ehre und Lebensraum hält, auch unser Volk, kann nur mit der Waffe in der Hand seinen ihm gebührenden Platz wahren.

Dr. HIRSCH: Wo bedroht man denn unserm Volk seinen Platz an der Sonne?

Dr. Hellpach: Wo? Es gibt noch Millionen deutscher Volksgenossen, die unter Fremdherrschaft schmachten; denn Deutschland ist überall, wo die deutsche Zunge klingt[22], wo deutsches Blut durch deutsche Adern braust, Deutschland ist Elsaß, ist Saargebiet, ist Österreich ...

Dr. Inge: Ist Schleswig-Holstein ...

Dr. Hellpach: Deutschland ist das deutschsprechende, tschechische Mähren, ist das deutschbesiedelte ungarische Siebenbürgen, Deutschland ist Kurland, ist Baltenland, ist die Ukraine, ist der ganze russische Ostraum, den wir als Siedlungsraum für unser Volk brauchen ...

Dr. Hirsch: Das ist der Krieg ...

Dr. Hellpach: Das ist der Aufbruch der Nation ...

Seidel: Der Untergang der Menschheit ...

Dr. Inge: Der Untergang der Untüchtigen, der Feiglinge, der Schwachen ...

Dr. Carlsen, der mit der Schwester vor ein paar Minuten in den Operationssaal ging, kommt wieder zurück.

Dr. Carlsen *dazwischen:* Zum letztenmal, Kollegen, wir sind hier im Dienst und nicht in einer Volksversammlung.

Seidel: Völlig richtig, Herr Oberarzt, und doch ganz ungewöhnliche Verhältnisse, historische Augenblicke, in denen wir leben. *Hat sich aufgerichtet.* Dieser Fall muß geklärt werden ...

Schwester: Aber, Herr Doktor, Sie haben ja wieder über die Stelle gewischt; jetzt kann ich zum dritten Male joden!

Seidel *abwehrend, stützt sich auf, feierlich:* Navigare necesse est, vivere non[23]! Schwester, Leben ist ein Dreck, jetzt heißt es kämpfen!

Professor Mamlock schnell von rechts, noch im langen weißen Arztmantel.

Mamlock: Morgen, meine Herren, Morgen, Schwester! *Zu Seidel.* Entschuldige, Werner – *während die Schwester ihm den langen Mantel abnimmt und in den kurzärmligen Operationsmantel, in Gummihandschuhe und Gummischürze hilft* –, dieser Wahlkampf hält einen sogar von der Klinik ab.

SEIDEL: Das will was heißen bei dir!

MAMLOCK: Konnt' ich's abschlagen? Ich bin in den Reichsausschuß des Hindenburgkomitees[24] gewählt. Du weißt, ich verstehe sonst nichts von Politik; aber hier muß man doch seinen Mann stehen.

SEIDEL: Klar, du als alter Krieger!

MAMLOCK *während er Puls, Herz und Lunge untersucht:* Wenn er ruft, haben wir zu folgen! *Mit Membranoskop*[25] *abhorchend.* Na, nun mal tief atmen, Nase ein, Mund aus ... in Ordnung ... Atem anhalten ... na, das Herzchen plubbert ziemlich ... Alkohol oder Lampenfieber, alter Junge?

SEIDEL: Unsinn, Hans; hatten eben nur 'ne kleine Wahlversammlung hier.

MAMLOCK *der sich wäscht:* Nanu? Hier in meiner Klinik, intra muros[26] endet die Politik, hier herrscht die Wissenschaft. *Zu Carlsen.* Wie ist eingeteilt, Kollege?

CARLSEN *fast militärisch meldend:* Herr Professor und Kollege Hellpach die Cholektomie, Doktor Hirsch und Kollege der Zweiten Abteilung die Appendektomie[27], ich selbst und Kollegin Ruoff die Hernie und Transfusion.

MAMLOCK: Wer spendet? Der Simon?

DR. CARLSEN: Jawohl.

MAMLOCK: Schon das fünfte Mal in diesem Jahr ... toller Knabe, hierher!

Schwester nach links ab ... Verwundeter Arbeiter wird hereingefahren. Oberarzt Carlsen dirigiert ihn mit Simon in den Vordergrund.

DR. CARLSEN: Hier, Herr Professor, der Verwundete!

MAMLOCK *hinzu, untersucht:* Dringliche Sache ... Stich durch die Brachialis ... ziemlich ausgeblutet.

DR. HIRSCH: Der Mann ist ja weiß wie 'ne Kalkwand.

MAMLOCK: Wann ist's passiert?

DR. CARLSEN: Diese Nacht, die übliche Schlägerei und Schießerei zwischen Nazis und Kommunisten.

MAMLOCK: „Die übliche"? Und das nimmt jetzt zu von Tag zu Tag. Höchste Zeit, daß die Wahlen Schluß machen mit dem ganzen Spuk! *Zum Verwundeten.* Na, mein Lieber, das hätte beinahe das Lebenslichtlein ausgeblasen!

ARBEITER: Dazu gehört nicht viel.

MAMLOCK: Was schaffen Sie?
ARBEITER: Kurzarbeiter, Eisendreher.
MAMLOCK: Familie?
ARBEITER: Jawohl.
MAMLOCK: Und da lassen Sie sich in solche politischen Abenteuer ein, mit Dolch und Revolver? Denken Sie denn gar nicht an Ihre Familie?
ARBEITER: Gerade weil ick an ihr denke, Herr Professor.
MAMLOCK: Aber Mann, das ist doch unlogisch! Sie haben doch noch Ihre Arbeit und Ihr Brot!
ARBEITER: Herr Professor, det kann ick Ihnen nich so erklären.
MAMLOCK: Warum denn nicht?
ARBEITER: Weil Sie zu jebildet sind, Herr Professor.

Alle lachen.

MAMLOCK *zu Simon:* Also, Simon, hier müssen wir wieder mal 'ran.
SIMON: Jawohl, Herr Professor.
MAMLOCK: Wie oft hast du eigentlich schon gespendet die letzten zwei Jahre?
SIMON: Fünfzehnmal.
MAMLOCK: Spürst du nichts danach?
SIMON: Kaum.
MAMLOCK *zu Dr. Seidel:* Wunderbar, wie gut sich sein artfremdes Blut ohne jede Koagulation[28] dem der Andersrassigen assimiliert. – Du bist doch völliger Jude, Simon?
SIMON: Natürlich.
DR. INGE *zum Arbeiter:* Und Sie sind hundertprozentiger Arier?
ARBEITER: Wat für ein Ding?
DR. INGE: Sind Sie reinrassiger Germane?
ARBEITER: Ach so, von d e r Seite? Ich bin ein Prolet, Fräulein Doktor, det bin ick! Und wenn man mir und meine Kameraden aus den Betrieben aufs Pflaster wirft, da fragt ooch keener danach, ob ick reinrassiger Germane bin oder ein Kuli oder ein Zulukaffer.
DR. HELLPACH *der nur mühsam an sich gehalten hat:* Heute noch vielleicht ...
ARBEITER: ... und wenn mir so 'n SA-Mann det Messer durch die Rippen stößt, dann fragt dieser Naziote ooch

nich, ob ick vom ollen David oder vom ollen Willem von Hohenzollern abstamme.

Dr. HELLPACH: Ich verbitte mir das!

MAMLOCK *dazwischen:* Jetzt aber genug, meine Herren! Hier in der Klinik wünsche ich keine Politik! *Zu dem Arbeiter.* Und S i e, Sie werden das nächste Vierteljahr sich friedlich verhalten, verstanden?

ARBEITER: Det kommt janz uff Ihre Kunst an, Herr Professor. Spritzen Sie mir nur feste neue Bouillon in die Knochen, Herr Professor, man braucht mir wieder.

Simon führt ihn nach links.

MAMLOCK: Simon!

SIMON *anhaltend:* Herr Professor?

MAMLOCK *zu ihm hin:* Hast du denn überhaupt noch 'ne Vene, die nicht angestochen ist? *Schaut nach.*

SIMON *spannt die Muskeln an seinem nackten Arm, lächelt:* Das reicht noch für einige Male, Herr Professor. *Mit Arbeiter nach links ab.*

MAMLOCK *sich desinfizierend:* Der reinste Makkabäer[29].

SEIDEL: Wieso „Makkabäer"?

MAMLOCK *immer sich waschend, spricht über die Schulter:* Na, so an Kraft und Mumm, und weil er Jude ist.

Dr. INGE *herausplatzend:* Vielleicht ist er gar kein Jude?

MAMLOCK: Sie meinen wegen Reinrassigkeit?

Dr. INGE: Ich meine, bei seiner Kraft.

MAMLOCK: Kollegin, es gibt im Osten Länder, wo die Juden Lastträger, Schmiede, Handwerker und Bauern sind. Unser Beruf, unsere Arbeit, die Luft des Landes, in dem wir atmen, das formt die Physis und den Menschen.

Dr. HELLPACH *gereizt:* Sie kennen, Herr Professor, die Forschungen von Günter und Fritz Lenz[30]: Die rassischen Erbhormone bleiben konstant, unabhängig von exogenen[31] Einflüssen wie Arbeit, Beruf und Klima!

MAMLOCK: Theorien, Zwecktheorien! Haben Sie nie gehört von den Mendelschen Art- und Rassekreuzungen[32], gerade zur Verbesserung der Arten?

Dr. HELLPACH: Und dennoch, bei den m e n s c h l i c h e n Rassen bleiben die g e i s t i g e n spezifischen Merkmale und Eigenschaften konstant!

MAMLOCK: Zum Beispiel?

DR. HELLPACH: Zum Beispiel das H e l d i s c h e ist etwas typisch Arisch-Germanisches!

MAMLOCK *lebhaft:* Was Sie nicht sagen, Kollege? Und David, der den riesigen Philister Goliath[33] besiegte und einen Kriegszug nach dem anderen unternahm, das war wohl ein Feigling? Und Simson[34], der die Tore der Festung aushob und gegen eine ganze Stadt allein kämpfte, das war wohl ein Schwächling und eine Memme? Oder vielleicht hörten Sie von dem babylonischen Gilgamesch[35] und den Neger-Epen, die der deutsche Gelehrte Frobenius[36] sammelte ... wunderbare Heldengeschichten dieser schwarzen Rasse! Gewiß, Kollege, jede Rasse hat ihr besonderes Leben, ihre eigene Schönheit; aber der Rassendünkel ist keine gute Eigenschaft. Auch das Selbstlob der Rassen hat keinen guten Geruch.

DR. HELLPACH *erregt:* Es gibt Dinge, über die man intellektuell nicht streiten kann; die Waffen sind zu verschieden.

MAMLOCK *legt die Operationsschürze an, noch erregt in seinen Gedanken, fast für sich, während er die Hände pudert und die Gummihandschuhe anzieht:* Genug, Kollegen! Ich bedaure, durch das Rassenproblem selbst diese Diskussion heraufbeschworen zu haben. Es ist so wenig Objektivität, so wenig Noblesse, so wenig innere Gerechtigkeit in Ihren Worten! Es ist wohl der Abstand der Generationen; aber noch nie war eine Jugend so brutal, so selbstherrlich. *Wendet sich ab, zieht die weißen Mullhandschuhe an.* Schwester, Narkose!

Schweigen. – Die Schwester hat Seidel die Narkosenmaske übergestülpt und beginnt zu träufeln. Die Ärzte legen jetzt alle die weißen Mullhandschuhe an und setzen die weißen Kopfhauben auf. Seidel beginnt im Dämmerschlaf zu reden, zu schwadronieren, seine wahre Natur kommt jetzt nach oben.

SEIDEL: Nur Mut, nur Mut, Alter, weißt du, wie ich mir vorkomme, Hans, wie ein altgermanischer Recke auf seinem Schild, Ehrenwort ... mit dem Schild oder überhaupt nicht, Ehrensache ...

SCHWESTER *Maske etwas lüftend:* Zählen Sie doch, Herr Doktor, zählen Sie doch!

SEIDEL *ärgerlich:* Ich zähle ja schon ... neun, zehn, zwölf ... verdammter Bockmist diese ganzen Wahlen, nichts als Arbeit und Überstunden und Gallenstauung ... und was kommt dabei heraus, meine Herren ... nichts, als was schon immer war: Demokratie, Idiotie, Kuhhandel und Bockmist ...

MAMLOCK *hinzu:* Wie ist der Puls?

SCHWESTER: Etwas klein, aber regelmäßig. *Maske lüftend.* Sie sollen zählen, Herr Doktor!

SEIDEL: Ich erzähle ja, Himmelkreuzdonnerwetter ... wie ein alter Krieger liege ich da, auf meinem Schild ... angeschnallt auf meinem Schild ... denn Blut ist ein ganz besonderer Saft, und Männer machen die Geschichte ... auf meinem Schild tragt mich zur Wahlurne, auf meinem Schild.

Dr. HIRSCH *hinzu:* Was ist denn nur mit der Narkose?

SCHWESTER: Weshalb zählen Sie nicht, Herr Doktor?

SEIDEL *im Dämmerschlaf:* Auf meinem Schild, hoch hebt mich, auf meinem Schild ... aber Vorsicht, meine Herren Juden, Vorsicht ... die Gallenblase, die Gallenblase, nicht den Blinddarm ... und in zwei Wochen in Front ... zur Entscheidungsschlacht, zur Entscheidungsschlacht ... *Er wird von der Schwester nach links in den Operationssaal gefahren.*

MAMLOCK *der sich schon das weiße Gazemundtuch – zum Schutz gegen Husten – für die beginnende Operation vorgebunden, nimmt dieses einen Augenblick nochmals herunter, mit großem Ernst:* Meine Herren, so sehr uns manches unter den Nägeln brennt, hier in meiner Klinik wünsche ich in Zukunft keine Politik mehr. Hier bei unserer Arbeit gibt es nur Ärzte und Kranke, Ärzte und Kranke, sonst nichts!

Die letzten Worte spricht Professor Mamlock dicht vor Hellpach, dann geht er als erster nach links in den Operationssaal, während die Ärzte mit den Gazemasken vor dem Gesicht ihm folgen.

ZWEITER AKT

Nachmittag des 28. Februar 1933, des Tages nach dem Reichstagsbrand

Wohnzimmer bei Mamlock: Rolf, 20jährig, Fuß auf einem Stuhl, über den Tisch gebeugt, ganz vertieft in eine Zeitung, liest halblaut für sich, in verhaltener Erregung. – Am seitlichen Schreibtisch seine 16jährige Schwester Ruth über Schulaufgaben; sie übersetzt, schlägt in einem Lexikon nach, schreibt. – Ellen Mamlock, geborene Gildemeister, die Mutter, eine 40jährige blonde Norddeutsche, über einer Näharbeit.

ROLF *aus der Zeitung:* So ein Irrsinn, so ein Wahnsinn ... „Das Reichstagsgebäude ein Flammenmeer! Gestern abend einundzwanzig Uhr dreißig wurde durch einen ungeheuerlichen Anschlag der Deutsche Reichstag in Brand gesetzt."

MUTTER: Aber, Rolf, das wissen wir nun wirklich.

ROLF: „... ein Schupomann bemerkte zuerst im Mittelbau den Feuerschein. Er gab sofort einen Alarmschuß ab. Es gelang, den Brandstifter auf seiner Flucht noch im Reichstag selbst zu stellen; er hatte mit einer petroleumähnlichen Flüssigkeit an siebzehn Stellen zugleich Brände gelegt ..."

RUTH *sich die Ohren zuhaltend, liest laut aus dem Livius*[37]*:* „... Hannibal autem, postquam, centum tauris compulsis, fascicula palli intra cornua inflexit, pallum subito inflammare jussit ..."

ROLF *mit Zeitung:* Hier, Mutter, lies selbst: „... er trug auf dem Oberkörper nur ein Hemd und in der hinteren Hosentasche ein Parteibuch der holländischen Kommunistischen Partei mit dem Namen van der Lubbe."

MUTTER *ruhig:* Ist doch bekannt.

ROLF *heftig:* Und du glaubst das, Mutter?!

MUTTER *nähend:* Kam doch als amtlicher Bericht.

RUTH *Finger in den Ohren, büffelnd:* „. . . Hannibal aber, nachdem er hundert Stiere zusammengetrieben und ihnen Strohbüschel zwischen die Hörner gebunden hatte . . .“

ROLF *springt zu ihr:* Jawohl. „. . . darauf steckte er die Strohbüschel in Brand, trieb sie – nämlich die Ochsen – gegen das römische Lager und errang damit einen Bullensieg.“ – Wissen wir, war damals wenigstens ’ne ehrliche Angelegenheit, mit richtigen Ochsen, ’ne Kriegslist, auf die man stolz sein konnte.

RUTH *fuchtig:* Bitte, verschone mich mit deinen Weisheiten!

ROLF *sie streichelnd:* Aber Ruthchen, Lieblingsschwester, die ollen Kamellen des guten Livius übersetz’ ich dir heute abend in zehn Minuten, das sind doch geradezu treuherzige Räubergeschichten. *Mit Zeitung.* Aber hier, hier hast du lebendige Historie, hier zuckt noch das Herz irgendwo, das liegt noch heiß unter der Haut, das sieht alles ganz einfach aus und hat doch sehr verzwickte Adern, Knochenhöhlen, Pförtchen und Schneckengänge. Achtung – der Reichstag brennt, und drinnen schnappt man gleich den Brandstifter, und der trägt zur Erleichterung für die Polizei sein kommunistisches Parteibuch in der Hosentasche.

RUTH: Na, denen ist doch alles zuzutrauen!

ROLF: „Denen“?

MUTTER: Aber Kinder! Rolf! Respektierst du gar nicht, worum ich dich bat?

ROLF *sie streichelnd:* Verzeihung, Mutter, ich bin ja ganz friedlich; aber das kann doch der stärkste Mann nicht mit anhören.

RUTH *keß:* Du hast wohl wieder ’ne ganz aparte Auslegung der Sache? Hoffentlich auch genügend „dialektisch“ unterkellert!

ROLF *drückt ihren Kopf auf die Bücher:* Da, lies weiter, Göre, und melde dich in drei Jahren mal wieder!

RUTH *wütend:* Aber die Jungens vom Deutschen Waffenring[38] werden euch Intelligenzhyänen eines Tages schon Mores lehren!

MUTTER: Ruth! Nun arbeite aber!

Stille.

Rolf *starrt in die Zeitung, zeichnet mechanisch Figuren an den Rand, dann leise zur Mutter:* Mutter, ihr nehmt das alles zu leicht.

Mutter: Du hast immer geunkt, Rolf ... bist einfach mit deinen Nerven herunter ...

Rolf: Weil ich das alles deutlicher sehe ...

Mutter *besorgt:* Du wirfst dich in alles zu sehr hinein, genau wie dein Vater: genauso besessen, bloß daß er nur seine Klinik hat, du aber jetzt das Technikum, das Examen und nun noch die Politik. Rolf wirklich, du sollst die Versammlungen und diese Rote Studentengruppe lassen!

Rolf: Und wenn ich heute mein Technikum mit Auszeichnung mache, und morgen schlagen sie uns kaputt?

Mutter: Wer will das?

Rolf *legt seinen Arm um sie:* Hör einmal zu, Mutter! *Nimmt die Zeitung.* Glaubst du wirklich, daß der Funktionär irgendeiner Terrorgruppe sein Parteibuch in die Hosentasche steckt und dann den Auftrag ausführt?

Mutter: Rolf, ich versteh' davon wirklich nichts.

Rolf *erregt:* Aber das m u ß man verstehen, Mutter, das ist doch geradezu aufregend, wie ein ganzes Volk damit dumm gemacht wird. *Verzweifelt.* Das ist doch geradezu irrsinnig, Mutter!

Mutter *nimmt seinen Kopf, streichelt ihn:* Rolf, jetzt hör einmal auf mich, mein großer Junge, ich hab' doch schließlich auch was in der Welt geschaut und ein paar Jährlein auf dem Rücken. Du bist ja ganz durcheinander von dem vielen technischen und politischen Zeug, das du Tag und Nacht in dich hineingefressen hast. *Ihn streichelnd.* Wir haben uns doch immer verstanden, mein Junge?

Rolf *läßt alles mit sich geschehen:* Ja, Mutter.

Mutter: Und du tust mir die Liebe und hörst mal ganz ruhig auf das, was deine Mutter dir jetzt sagt. – Sieh mal, mein Junge, du weißt ja gar nicht, wie oft ich nachts nicht schlafe, wenn du in Versammlungen oder in euren Diskussionsabenden bist; ich darf das dem Vater gar nicht sagen; er würde dir's sofort verbieten, und ich will doch keinen Krach zwischen euch beiden Feuerköpfen ... *Rolf legt seinen Kopf auf ihren Arm, streichelt sie.* Na, siehst du, aber dann liege ich so da und muß denken, ihr kommt mit einer anderen Studentengruppe aneinander – man liest das doch alle Tage –, oder ihr zieht an einem Nazilokal vorbei, und dann fällt plötzlich ein Schuß ... *Nimmt seinen Kopf hoch.* Rolf, laß jetzt das politische Zeug, arbeite an deinem Examen, tu mir's zuliebe, laß diese politischen Geschichten, aus denen sowieso kein Mensch klug wird, auch ich nicht.

ROLF *wieder erregt:* Aber, Mutter, das ist's ja gerade! Sieh mal, Mutter, du bist eine so kluge und klare Frau, jawohl, das bist du! Du sorgst dich um jedes Kleinste für uns ...

Mamlock kommt, er scheint ernst, wird aber schnell ruhig und fast heiter, als er seine Frau begrüßt.

MAMLOCK: Tag, Kinder! Tag, Mutter! *Küßt ihre Stirn.* Für heut' hab' ich genug.

MUTTER: Viel operiert?

MAMLOCK: Kommt jetzt auch noch die „politische Chirurgie" hinzu, so die täglichen Messerstechereien und Schießereien, die man doch sofort drannehmen muß ... Bin bloß froh, wenn das alles in acht Tagen vorbei ist. *Er sieht Rolfs Zeitungen, geht zu Ruths Tisch.* Na, Ruth, was sagt denn Titus Livius zur Lage?

RUTH: Ich bin grad bei Hannibal in Apulien.

MAMLOCK: Das war ein Kerl!

RUTH: Einfach fabelhafter Mensch, nicht wahr? Dabei mokiert sich der Rolf in seiner überklugen Art darüber und behauptet, die Kommunisten hätten den Reichstag gar nicht in Brand gesteckt!

MUTTER *schnell:* Na, du mußt doch 'nen Spaß verstehen, Ruth.

RUTH: Nee, nee, Mutter, du stehst ja immer zu Rolf ... ist ja klar! *Hängt sich bei Mamlock ein.* Aber Vater und ich, wir zwei beide, was, wir wären vielleicht 'n Dreck? Wir sind das unproletarische, seelische – nee, wie soll ich nur sagen – das konservative Element.

ROLF: Fremdwörter sind Glückssache.

RUTH *fuchtig*: Da hast du's wieder, Vater!

MAMLOCK *sie streichelnd:* Feste, Katze, wisch ihm eins!

Zeig, daß du Vaters Tochter bist, feste! Nur nicht feige sein, das ist das Schlimmste! – Aber jetzt, ihr Frauen, laßt uns Männer mal ein paar Minuten allein ...

MUTTER: Geheimnisse?

MAMLOCK *halb im Scherz:* Krieger untereinander.

RUTH: Da braucht ihr bestimmt doch 'ne Krankenschwester?

Mutter zieht Ruth mit sich hinaus, Rolf steht gespannt da.

MAMLOCK: Setz dich, Junge! *Zieht ein Extrablatt aus der Tasche.* Lies das, bitte!

ROLF *liest:* „Extrablatt! – Die Brandstiftung im Reichstag ein kommunistischer Terrorakt! – Nachdem bei dem in flagranti[39] gefaßten Täter van der Lubbe ein kommunistisches Parteibuch gefunden wurde ..." Aber, Vater, für diese Kindermärchen braucht man doch wahrhaftig kein Extrablatt herauszugeben.

MAMLOCK: Willst du etwa behaupten, daß ein amtlicher Bericht der Regierung in dieser Schicksalsstunde unseres Volkes ...

ROLF: Gerade in dieser entscheidenden Stunde war die große Wahlbombe der Nazis fällig ...

MAMLOCK *heftig:* Ich verbitte mir solchen Zynismus, solche bodenlose Frechheit in dieser Stunde! Man hat im Kampf auch den schärfsten Gegner zu achten und ihm nicht Infamien zuzutrauen, deren man vielleicht selbst fähig ist!

ROLF *vor ihm:* Vater, das nimmst du zurück!

MAMLOCK *losbrausend:* Das nehme ich zurück?! Das ist ja wunderbar, diese verkehrte Welt! Jetzt sind wir so weit! Still!! Jetzt rede ich!! Erst diese gedankenlosen Verleumdungen, diese Gedankenverlumpung ...

ROLF *aufspringend:* Ich kann das nicht mit anhören, Vater!

MAMLOCK: Du wirst noch ganz was andres anhören, mein Junge! *Hält inne, nimmt Rolf um die Schulter.* Junge! Rolf! Ich bin doch selbst einmal jung gewesen, hab' doch selbst all die dummen und wilden Streiche gemacht, versteh' dich ja, aber versuche auch einmal mich zu verstehen, der es gut mit dir meint, der dir manches ersparen möchte ... Siehst du, Rolf, das jetzt ist alles ganz natürlich bei dir, ist gärender Most, der tobt gegen die Wände des Fasses, in das er gepreßt ist, der will die

Reifen des Fasses sprengen; in deinen Jahren, da revoltiert alles, da will man die Welt auf den Kopf stellen; aber warte ein paar Jährlein, fünf Jahre, zehn Jahre, und du wirst den Menschen und den Verhältnissen ruhiger gegenübertreten, nicht mit Bomben und Parolen, sondern mit Erkennen und Verstehen.

ROLF *ruhig:* Vater, gewiß gibt es wichtige Unterschiede zwischen jung und alt, zwischen Unausgegorenem und Ausgegorenem, wichtige Entwicklungs- und Reifegrade; aber ich glaube, Vater, diese Frage, worum es heute geht, ist keine Generationsfrage, ist keine physiologische Frage ...

MAMLOCK: Sondern?

ROLF: Diese Frage ist, Vater – verzeih das harte Wort –, eine Klassenfrage.

MAMLOCK *erregt:* Siehst du, da haben wir's wieder, diese geistige Bombe, diesen Knalleffekt der Versammlungen: „Klassenfrage", „Klassenkampf" ... man kennt ja diese Diskussionsathletik in euren Roten Studentengruppen: Erst werden Theorien gesponnen, dann wird in Versammlungen aufgeputscht, und schließlich findet sich das wahnsinnige Individuum, das diese unverdauten Reden in die Tat umsetzt und die Brandfackel schleudert ...

ROLF: Aber, Vater, das ist doch nicht der Schatten eines Beweises!

MAMLOCK *unbeirrt:* Man f ü h l t das doch bis in die Fingerspitzen!

Seidel kommt hereingestürmt, ein ganzes Bündel Zeitungen in der Hand.

SEIDEL *begeistert:* Und wie sie durchgreift, die Regierung! Alle sozialistischen Zeitungen und Druckereien geschlossen, alle Hetzblätter beschlagnahmt! Überfallwagen und Motorstafetten mit den neuen Farben brausen zu Hunderten durch die Straßen!

ROLF: Rollen schon die Köpfe? Was haben Sie sonst noch vom Kriegsschauplatz zu berichten?

MAMLOCK *aus einer Zeitung:* Über zweihundert kommunistische Funktionäre allein in Berlin verhaftet ...

SEIDEL: Ärzte, Kommunisten, Pazifisten, Internationalisten, Juden ...

MAMLOCK: Juden?? – Bist du wahnsinnig?

SEIDEL *vor ihm:* Hans, ich komme als dein Freund, ich rate dir dringend, für ein paar Tage zu verschwinden ...

MAMLOCK: Meinen Posten verlassen ...

SEIDEL: Die Erregung der nationalen Massen ist enorm, eine Mobilisierung des ganzen Volkes wie neunzehnhundertvierzehn, grandios, bluthaft, schicksalshaft, gigantisch, ein Naturschauspiel: „Das Volk steht auf, der Sturm bricht los!"

Dr. Hirsch stürzt mit einem Reiseköfferchen herein.

Dr. HIRSCH: Wissen Sie schon, wissen Sie schon?!

MAMLOCK: Sie wollen sich wohl Doktor Hellpach anschließen?

Dr. HIRSCH *sieht sich um:* Ist er hier? Wo?! Meine Herren, eine Pogromstimmung, unfaßbar, wie 'ne Farbe, die man ins Wasser wirft ... die Straßen mit einemmal überschwemmt von brauner Farbe, alles SA, auch Kollege Hellpach in Uniform.

MAMLOCK: Sie sprachen ihn?

Dr. HIRSCH: Sprechen? Die Leute sind wie Dynamit! *Nimmt sein Köfferchen.*

Dr. Carlsen eiligst herein, er sucht äußerlich seine Ruhe zu bewahren.

Dr. CARLSEN *zu Mamlock:* Gestatten, Herr Professor, ich möchte mich bloß vergewissern, ob für morgen die Einteilung der Operation bleibt?

MAMLOCK: Wie?

Dr. CARLSEN: Kollege Hellpach rief vor einer Stunde die Operationsschwester an, er verreise.

ROLF: Seine Reise wird in der nächsten SA-Kaserne enden, wo er das Operationsmesser mit dem Revolver vertauscht.

MAMLOCK *gegen ihn:* Ruhe! *Zu Carlsen.* Er ist verreist?

Dr. CARLSEN: „Dringende Angelegenheit".

MAMLOCK: Hat er sich abgemeldet?

Dr. CARLSEN: Nein.

MAMLOCK: Wunderbar, ausgezeichnet ...

Simon mit Mutter und Ruth schnell herein.

MUTTER *zu Simon:* Das ist doch unmöglich!

Ruth: Tolle Kerle sind das!

Mamlock: Was ist, Simon?

Simon: SA-Abteilungen haben die Klinik besetzt und suchen nach ... nichtarischen Ärzten.

Mamlock: SA-Abteilungen in meiner Klinik ...

Man hört plötzlich aus dem Nebenraum das angestellte Radio, mit schnarrender, sich oft überschlagender Stimme: „... diesen Verbrecherakten fremdstämmiger, ostischer Untermenschen setzen wir entgegen eine neue Vision des arischen Menschen, eine alte, vielleicht letzte Konzeption der nordischen Rasse ...“

Ruth: E r spricht!

Mamlock geht schnell nach rechts zum Radio. – Das Radio: „... Nachdem aber diese Verbrecherbrut Feuer gelegt hat an das Haus unseres Volkes, wird nichts mich hindern, diese fremdrassige Mörderpest mit eiserner Faust zu zerschmettern ...“ Bricht ab.

Ruth *entzückt:* Das ist eine Stimme, das ist ein Mann! Und wenn ihr ihn nicht hören wollt, ich werde ihn hören! *Läuft hinaus.*

Dr. Hirsch *der dauernd sein Köfferchen aufnimmt und wieder abstellt:* Mania hallucinateria epidemica[40] ...

Mamlock hat das Radio abgestellt, kommt zurück.

Mamlock *ruhig, nachdenklich:* Und dann, meine Herren, die alte Frage: Soll nun das Leben über die Wissenschaft herrschen oder das Erkennen über das Leben? Was bedeutet diese Feuersbrunst, was bedeutet dieser Regierungswechsel mit all den Radioreden der Minister gegenüber einem einzigen Gedanken Harveys[41], Virchows[42], Korsakows[43] oder Einsteins[44]? Meine Herren, ich denke, Sie stehen zu Ihrer bisherigen Arbeit, zu Ihrer wissenschaftlichen Überzeugung, zu Ihrem geistigen Portepee[45]!

Seidel: Und ob! Schließlich ist man ja kein Waschlappen ...

Dr. Carlsen: ... und halten noch Millionen Arbeiter und Bürger das Banner der Demokratie in Händen ...

Rolf: Wenn sie jetzt nicht Gewehre in den Händen haben, meine Herren ...

Dr. Hirsch *kühn und drohend das Köfferchen hebend:* Wenn es darauf ankommt, junger Mann, wir werden auch Gewehre haben!!

Rolf: In Ihrem Köfferchen?

Mutter: Rolf!

Mamlock *seine Erregung niederhaltend:* Meine Herren, die Einteilung in der Klinik bleibt, auf Wiedersehen morgen bei der Arbeit! *Begleitet sie hinaus.*

Mutter *schnell zu Rolf:* Kannst du mir zuliebe es nicht lassen?

Rolf: Nicht alles, Mutter.

Mutter: Aber etwas Vernunft annehmen, ich bitte dich, ich flehe dich an, du hast alles gehört, du siehst, wie schwer es Vater wird, in welcher Gefahr ihr schwebt...

Mamlock herein.

Mamlock *sofort auf Rolf los:* Du hast zu wählen: das Brandstiftergesindel – oder deine Eltern?

Rolf: Die Frage steht hier so, Vater: Kampf um die Wahrheit oder die Kapitulation vor der Lüge?

Mamlock: Worte! Ich habe mit dir nicht zu diskutieren: Ich verbiete dir von dieser Stunde an jede Betätigung in den roten Organisationen...

Rolf: Dann mußt du schon Polizei spielen, Vater...

Mamlock *auf ihn los:* Junge...

Mutter *dazwischen:* Rolf, höre auf mich!

Dr. Inge in Hut und Mantel herein.

Dr. Inge *mit Extrablatt auf Mamlock zu:* Lesen Sie das, Herr Professor, billigen Sie vielleicht diesen niederträchtigen Terrorakt der Kommunisten und ihrer intellektuellen Hintermänner, der Juden?

Mamlock: Der Juden? Sind Sie wahnsinnig?

Dr. Inge: Die ganze Stadt spricht bereits davon!

Mamlock: Aber welches Interesse haben die Juden an dem Reichstagsbrand?

Dr. Inge: Der völkischen Regierung Schwierigkeiten zu bereiten...

Mamlock: Da ist doch nicht der Schatten eines Beweises...

DR. INGE: Man f ü h l t das bis in die Fingerspitzen! – Herr Professor, ich melde mich von dem Dienst in Ihrer Klinik ab.

MAMLOCK: Der Grund?

DR. INGE: Ich kann unter einem Juden nicht mehr arbeiten.

Stille.

MAMLOCK: Sind Sie toll? Sie haben Ihren Dienst zu verrichten, Ihre Pflicht weiter zu erfüllen ... genau wie wir anderen, wie ich selbst! Der Arztberuf – und zumal der Dienst auf einer chirurgischen Station – ist wie ein Postenstand vor dem Feind! Sehen Sie, ich habe mit meiner Kriegslähmung zu tun, sehr oft Nervenschmerzen an der Kallusmasse[46] im Bein, beim Wetterumschlag und dem Stehen im Operationssaal; aber gibt das mir das Recht, meinen Dienst zu verlassen? Das Leben wäre ein Dreck, wenn es nicht gelänge, diese körperlichen Mängel zu überwinden, verstehen Sie das?

DR. INGE *sieht ihn an:* Das alles hat mit dem Verstand nichts mehr zu tun; hier, Herr Professor Mamlock, scheidet Tüchtigkeit, Disziplin, Schuld oder Nichtschuld aus; hier sprechen Blutskräfte, und Blut ist Schicksal!

ROLF: Sie haben völlig recht, Fräulein Doktor: Wo der Verstand aufhört, da fängt das „Blut“ an, und wo das Gehirn abhanden gekommen, da beginnt das „Schicksal“.

DR. INGE: Lange werden Sie nicht mehr so reden!

ROLF: Dann vielleicht handeln! *Will hinaus.*

MAMLOCK *vor ihm:* Wohin? Ich will wissen, wohin? *Leiser, mit unterdrückter Erregung.* Junge, wo ist dein Verstand, dein Ohr, dein Gefühl? Bist du noch ein Deutscher? Ein Mensch in deinen Jahren hat zu arbeiten und nicht zu schwatzen!

ROLF: Ich will wissen, Vater, wozu ich arbeite!

MAMLOCK: Und ich will wissen, daß du jede politische Tätigkeit sofort einstellst oder dieses Haus nicht mehr betrittst! Ist das klar?

ROLF *auf Pupille:* Es ist klar. *Geht.*

MUTTER *hält ihn:* Das ist doch Wahnsinn, Rolf, ist ja alles Wahnsinn, Rolf ... hörst du mich, Rolf, hörst du mich nicht?!

ROLF *leise, streichelt sie:* Ich höre dich, Mutter, und ich höre das andere. *Geht schnell hinaus.*

Mamlock setzt sich, blättert gedankenlos in der Zeitung. – Stille.

MUTTER: Mußtest du nicht der Klügere sein, Hans? *Mamlock schweigt.* Er geht jetzt zu den Kommunisten.

MAMLOCK: Er soll sich die Hörner einrennen.

MUTTER: Er rennt sich den Kopf ein!

MAMLOCK: Er muß wissen, was er tut.

MUTTER: Hans, er ist dein Junge!

MAMLOCK: Und dein Sohn.

MUTTER: Ruf ihn zurück, Hans, sprich noch einmal mit ihm, Hans, rufe ihn zurück, Hans!!

Mamlock sitzt starr.

MUTTER *verzweifelt:* Bedenke, wie du selbst warst! Ich rufe ihn zurück, Hans, sprich noch ein einziges Mal mit ihm, ich bitte dich, Hans!!

MAMLOCK *hart:* Ich habe mit ihm geredet.

MUTTER: Aber wie?

MAMLOCK: Ich habe mit ihm geredet; ich habe ihn vor die klare Entscheidung gestellt: das Parteilokal oder das Elternhaus. Er hat sich entschieden.

MUTTER *sich entladend:* Ja, du hast mit ihm geredet, Partei oder Elternhaus, rechts oder links, entweder – oder ... oh, ich kenne diese kalte Unbedingtheit, die sich Konsequenz nennt, diese leblosen Parolen, diese eisigen Antithesen, diesen euren ganzen herzlosen Fanatismus ...

MAMLOCK: Euren?

MUTTER *entfesselt:* Jawohl: Euren! Euren!! Alle Menschen horchen einmal aufeinander, hören einander, haben eine Stelle in sich, wo die Worte des anderen nicht über die Gletscher des Verstandes gehen und erfrieren, sondern unterwegs, irgendwo im Gewölbe des Herzens widerklingen ... aber ihr, ihr, alles muß da bei euch heiß oder kalt sein, wahr oder gelogen, verstanden oder mißverstanden ... Gehirn, Gehirn, Gehirn, aber das ist ja das Erbteil eurer Rasse!!

Mamlock sieht sie an.

MUTTER *erschrocken, wie erwachend:* Nein, nein, du ... ich habe das nicht so gemeint, Hans, ich wollte ganz etwas anderes sagen, Hans, etwas ganz anderes ... *Umarmt ihn.* Ich habe das wirklich nicht so gemeint ...

MAMLOCK *streicht ihr übers Haar, küßt sie:* Ruhig, Ellen, ruhig ... ist ja gar nicht so schlimm, du hast ja ganz recht; es gibt Dinge, über die man nicht hinweg kann, die man nicht wegradieren kann ... auch mit dem besten Gummi nicht, auch mit dem schärfsten Messer nicht.

MUTTER *hält ihm den Mund zu, leise:* Er ist ja genauso wie du, genauso ...

MAMLOCK *nimmt ihren Kopf:* Glaubst du, ich liebe den Jungen nicht, deinen Jungen? ... Aber ich liebe auch unser Land, in dem ich geboren bin, in dem ich lebe. *Er geht in Gedanken in sein Arbeitszimmer nach rechts.*

Dr. Inge, die schweigend und gespannt während der erregten Aussprache unbemerkt ganz rechts abseits stand, tritt jetzt zur Mutter.

MUTTER: Sie waren hier?

DR. INGE: Verzeihen Sie, aber ich mußte bleiben.

MUTTER: Sie mußten bleiben?

DR. INGE: Wissen Sie, wohin Rolf rennt?

MUTTER: Auf die Straße, in Gefahr ...

DR. INGE: In Gefahr? – Ich kenne ihn doch, ich sah ihn eben, er wird nicht zu halten sein, er wird glauben, alles geht noch wie vor Tagen, er wird versuchen, mit Menschen zu diskutieren, Flugblätter zu verteilen, eine Anrempelung zu erwidern ...

MUTTER *voller Angst:* Man wird ihn verhaften?

DR. INGE: Verhaften, ja; aber vielleicht geschieht auch noch etwas anderes mit ihm.

MUTTER *in großer Aufregung:* Was geschieht? Sie wissen es! Was? Und wo? Sie wissen alles, wir müssen ihn suchen! *Will hinaus.*

DR. INGE *hält sie:* Ihn suchen? Ein Tropfen in einem schäumenden Meer?

MUTTER: Wenn Sie das wußten, weshalb haben Sie ihn nicht gehalten?

DR. INGE: Ich?

Mutter *schaut sie an:* Ich vergaß. *Leise, für sich.* Er ließ sich nicht halten.

Dr. Inge: Nein, er ließ sich nicht halten. Wie er da seinem Vater gegenüberstand, dampfend vor Zorn, Empörung, Mut, Angriffslust, Kampfeseifer, ein Torpedo vor dem Abschuß ... da wußte ich, er ist nicht zu halten, das erste Wort draußen – und es werden auf Schritt und Tritt Worte fallen – wird ihn zur Explosion bringen, wird ihn verraten; sie werden ihn packen, niedertrampeln, in die Kasernen schleppen, Stahlruten, Knüppel, Koppel, ein Schuß wird fallen ...

Mutter: Sind Sie wahnsinnig?

Dr. Inge *starr:* Ich sehe, was ich sehe ...

Mutter: Was Sie sehen wollen als unser Feind!

Dr. Inge *auflachend:* Ein großartiger „Feind" bin ich, ja, ein verdammt großartiger und genauer Feind, *leiser* der zittert, wenn der Gegner stirbt.

Mutter: Was ist mit Ihnen?

Dr. Inge *reißt die Mutter an sich:* Wir müssen ihn retten!!

Mutter: Sie??

Dr. Inge *verbirgt den Kopf an der Schulter der Mutter:* Ich bin wahnsinnig, ich weiß es, ich weiß gar nichts mehr, ich brenne nur vor Scham, vor Verzweiflung, vor Sinnlosigkeit, vor irgend etwas ... *Hebt ihren Kopf, Auge in Auge mit der Mutter.* Sie sollten mich doch verstehen, Sie, eine Deutsche, eine Arierin, Sie sind mit einem Juden verheiratet ... *aufschreiend* – eine fremde Welt, eine wahnsinnige Welt ...

Mutter preßt Dr. Inges Kopf an ihre Brust.

April 1933. Nach dem Judenboykott, bei Verkündung des neuen Gesetzes „Zur Wiederherstellung des Berufsbeamtentums“ (Ausschluß der Juden aus allen Staatsämtern, Richterstellen, Arztbeamtenstellen; der „Arierparagraph“ auch für die deutsche Turnerschaft, die Konzertsäle, Bühnen, Tennisklubs, Badeanstalten, Buchverlage)

Wohnzimmer bei Mamlock wie im zweiten Akt

MUTTER: Hans, jetzt hast du die Ruhe, die du oft dir gewünscht. *Mamlock geht ruhelos auf und ab.* Jetzt kannst du endlich wissenschaftlich arbeiten.

MAMLOCK: Wo ist Rolf? *Die Mutter schweigt.* Weißt du's nicht?

MUTTER: Ich weiß nur, daß heute wieder fünfzig Kommunisten verhaftet wurden, durch die SA-Kasernen in die Zellengefängnisse gebracht, in Schutzhaft, in Konzentrationslager ...

MAMLOCK: Der Junge ist zwanzig Jahre alt; er weiß, was er tut. – Man muß dies Zimmer hier als Operationsraum einrichten ...

MUTTER: Aber, Hans, Liebster, sei endlich vernünftig! Du hast noch Ersparnisse, dein Bankkonto, du kannst davon fünf bis sechs Jahre leben; arbeite jetzt wissenschaftlich, zieh dich zurück, laß doch diese ganze verrückte Welt, dieses Narrenhaus da draußen.

MAMLOCK *in sich verbohrt:* Ich muß arbeiten.

MUTTER: Aber natürlich, aber versteh doch, aber was willst du denn ... *Mit Zeitung.* Hier die Verfügung „Zur Wiederherstellung des Berufsbeamtentums“, hast sie mir doch selbst gezeigt: Alle nichtarischen Ärzte sind sofort aus den öffentlichen Krankenhäusern zu entlassen, ebenso die Juristen, Gelehrten, Lehrer, die kleinsten Beamten aus ihren Stellen! Was wollt ihr denn noch? Das ist jetzt Gesetz!

MAMLOCK: Gesetz, Gesetz ... Du kannst mir verbieten zu atmen, du kannst meinem Blut verbieten, daß es durch Herz und Lunge fließt, genauso kannst du mir verbieten zu operieren, zu helfen, ein Skalpell[47] anzufassen, eine Wunde zu nähen, die Gallenblase und Leber zu tasten und meine Diagnose zu stellen. Schreiben, mich in mein Studierzimmer zurückziehen ... ja, mit siebzig Jahren. *Heftig.* Hier kommt der Operationsraum hin, hier der Sterilisator[48], hier das Waschbecken, mein Arbeitszimmer wird der Vorbereitungsraum ...

MUTTER: Muß denn alles so plötzlich sein, so ruckzuck ...

MAMLOCK: Ich habe keine Zeit, das Leben ist so kurz ... es ist auch nur für den äußersten Fall. Vorerst werde ich in meine Klinik gehen.

MUTTER: Du bist toll, du kennst die Verfügung!

MAMLOCK: Es ist meine Klinik, mein Krankenhaus, ich habe es aufgebaut aus dem Nichts: jedes Waschbecken, jeden Desinfektor[49], jeden drehbaren Operationstisch, jedes Querbrett nach meinen speziellen Angaben. *Er zieht hastig seine Hausjacke aus.* Ich lasse mich nicht einschüchtern, ich gehe zu meinem Dienst.

MUTTER *hält ihn:* Sie verhaften dich, Hans!

MAMLOCK: Einen Mann, der vier Jahre im Felde stand an der Front, der verschüttet und verwundet wurde, der zu seinen Kranken muß, zu chirurgischen Kranken, verstehst du ... *Zieht seinen Straßenrock an.*

Ruth kommt mit Gymnasiastenmütze und Schulmappe, sie legt auf den Seitentisch die Mappe ab, will sich verdrücken.

MUTTER: Was ist, Ruth?

RUTH: Nichts.

MUTTER: Ist die Turnstunde schon aus?

RUTH: Mir ist bloß schlecht.

MAMLOCK: Was hat das Mädel?

MUTTER: Bist ja käseweiß; was hast du auf dem Rücken?

RUTH *schluchzend:* Laßt mich, laßt mich doch ...

MUTTER *sie nach vorn ziehend:* Ein gelber Fleck, ein großer gelber Fleck, mitten auf dem Rücken ...

MAMLOCK *zieht sie heran:* Der gelbe Fleck ...

MUTTER: Was ist das ...

MAMLOCK: Das Judenzeichen, das Gettozeichen ...

RUTH *reißt sich wild die Bluse herunter, darunter Turntrikot:* Ich will nichts mehr hören, nichts mehr!! *Hält sich die Ohren zu.*

MAMLOCK *nimmt ihren Kopf:* Wer hat das getan?

RUTH: Niemand, niemand! *Blickt sich ängstlich um.* Nicht so laut reden, Vater ... die sind überall, unter den Bänken, hinter den Geräten in der Turnhalle, wißt ihr, hinter den Bäumen auf dem Schulhof, sie grinsen, sie rufen, sie beschmieren dich, und waren doch so fabelhafte Kerle ... *Weint.*

MAMLOCK: Nun, nimm dich mal zusammen, Mädel, w e r ruft, und w a s rufen sie?

RUTH: Natürlich: „Juden 'raus!!"

MAMLOCK: In der Schule?

RUTH: Na klar, auf dem Schulhof, in der Klasse, im Turnsaal ...

MUTTER: Du meinst auf der Straße, so 'n Flegel ...

RUTH *erregt:* Ich habe doch meine Ohren, Mutter, meine Augen: „Juden 'raus!" haben sie gerufen, erst ein paar, dann im Chorus, dann der ganze Schulhof ... ich renn' in die Turnhalle, da steht auf dem Fußboden dick, mit weißer Kreide: „Juden 'raus!" Jetzt springe ich 'rauf zur Klasse, da knallt von der Wandtafel: „Juden 'raus!!"

MAMLOCK *packt sie:* Du lügst.

RUTH *reißt ihre Hefte heraus:* Und auf den Heften da ...

MAMLOCK *nimmt sie:* „Jude – Jude – Jude – Jude –!" *Wirft sie einzeln zu Boden.*

RUTH: Unser Klassenlehrer sagt, ich soll vorerst nicht mehr zur Schule kommen ...

MAMLOCK *heftig:* Wer kann dir die Schule verbieten, wer?! Noch haben wir eine Verfassung, noch haben wir Recht und Gesetz! *Nimmt sie bei der Hand.* Wir zwei werden jetzt in die Schule gehen, wir zwei, dein Vater und du, und wir werden sehen, ob diese Welt nur noch aus Irrsinnigen und Flegeln besteht ... *Nimmt ihre Mappe.*

RUTH *zitternd, schreiend:* Nein, Vater, nein, ich geh' nicht mehr!! Du kennst sie noch nicht, sie treten uns, schlagen uns, sie beschmieren uns, sie machen uns kaputt!

MAMLOCK *zerrt sie nach der Tür:* Wir gehen! Du kommst

mit, du bist doch mein Mädel, ein deutsches Mädel, oder ... sollten sie recht haben, die andern? – Los!!

MUTTER *dazwischen:* Laß sie jetzt!

RUTH: Ich fürchte mich, Vater, ich weiß doch, was sie mit uns machen.

MAMLOCK *stößt sie weg:* Feigling!

RUTH: Wenn du wüßtest, was sie mit Rolf gemacht haben ...

MUTTER: Wo ist er?

RUTH: Man hat ihn aus der Prügelkaserne der SA kommen sehn.

MAMLOCK *packt sie:* Hast d u ihn gesehen?

RUTH: Man sagt ...

MAMLOCK *sie schüttelnd:* W e r sagt? W e r hat gesehen? Willst du Feigling auch noch Greuel- und Lügennachrichten verbreiten?!

RUTH: Wo Vaters Assistentin mir's doch selbst erzählt hat ...

MUTTER: Die damals hier war?

RUTH: Die bei Vater assistiert; sie traf mich eben auf der Straße, sagte, sie hat Rolf mit Zeitungen und so was gesehen; wenn man aber jetzt Rolf mit so was trifft, dann kommt er nicht mehr lebend aus so 'ner Kaserne.

MAMLOCK: Sie hat ihn angezeigt!?

RUTH: Ich weiß nicht, ich weiß nicht, ich will auch nichts wissen, nachher sind es „Greuelnachrichten"; ich habe so Kopfschmerzen ...

Es klingelt.

MUTTER: Komm, mein Kind! *Mit Ruth links ab.*

Dr. Hirsch und Krankenwärter Simon herein, Dr. Hirsch mit Mappe und Köfferchen.

DR. HIRSCH *atemlos:* Jeder Widerstand ist zwecklos!

MAMLOCK *ruhig:* Bitte?

DR. HIRSCH: Wir sind entlassen, fristlos, alle Juden, neueste Verfügung!

MAMLOCK: Beruhigen Sie sich.

DR. HIRSCH: Natürlich beruhige ich mich, ich bin ja schon ganz ruhig, fast wie eine schöne Leiche, natürlich ... Doktor Hellpach erschien vor einer Stunde mit mehreren

SA-Leuten im Krankenhaus, die Leute mit Karabiner und Handgranaten, er selbst im SA-Mantel mit umgeschnalltem Revolver und langen Schaftstiefeln – er rief Ärzte und Personal zusammen und erklärte, daß er zum Kommissar der hiesigen Krankenhäuser bestimmt sei; alle nichtarischen Ärzte und Krankenwärter hätten noch im Verlaufe des Nachmittags „mit Sack und Pack" das Krankenhaus zu verlassen ...

MAMLOCK: Und da kneifen Sie, da laufen Sie davon ohne meine Anordnung?

Dr. HIRSCH: Gestatten, Herr Professor, auch Sie sind entlassen, Sie müssen sich daran gewöhnen.

Dr. Seidel mit Zeitungen.

SEIDEL: Verzeih, Hans, daß ich so hereinstürze; aber den Freunden soll man die Brust zeigen, den Feinden den Schild! *Mit Zeitungen.* Was sagst du dazu?

MAMLOCK *liest:* „... so wurden auch in der Klinik des Professor Mamlock eine ungeheure Verschwendung von Materialien und Unregelmäßigkeiten aufgedeckt ..."

Dr. HIRSCH: Unerhört!

MAMLOCK: „... worauf jener Mamlock schleunigst die Konsequenzen zog und sein Amt als Direktor der Klinik niederlegte ..." *Wie vor den Kopf geschlagen, fast leise.* Ist solch eine Gemeinheit möglich? *Sich hochreißend, zu Seidel.* Setz dich, Werner, setz dich, schreibe!! *Drückt ihn auf den Stuhl, schiebt Papier und Feder vor ihn hin.* Schreibe! Du bist Journalist, dein Amt ist wahrheitsgetreue Berichterstattung ... Schreibe!! *Mit Zeitung.* „Auf die verleumderischen und unwahren Berichte, die über Professor Mamlock in der Presse kursieren ..."

SEIDEL *wirft die Feder hin:* Unmöglich!

MAMLOCK: Die Wahrheit sagen ...

SEIDEL: Meine Zeitung sofortigem Verbot aussetzen ...

MAMLOCK *vor ihm:* Die Wahrheit steht auf dem Spiel, Werner, die Wahrheit ...

SEIDEL: Und die Existenz von hundert Arbeitern unserer Zeitung; eine einzige solche Notiz, und sie sind auf Monate brotlos!

MAMLOCK *nachdenkend:* Man wird Drucker finden, man wird Flugblätter machen ...

Dr. Hirsch *entsetzt:* Flugblätter ...

Seidel *ebenso:* Wie die Kommunisten?! *Packt ihn freundschaftlich.* Hans, du bist toll, du bist denerviert[50] durch die letzten Tage, du bist aus dem Geleise geworfen, du bist krank ... *Erleuchtet.* Hans, wir werden eine Notiz bringen, du seiest erkrankt!

Mamlock *aufbrausend:* Schweine!!

Seidel: Bitte?!

Mamlock: Verleumden, vergiften, ehrabschneiden, mit Dreck bewerfen, und keiner wagt ein Wort, keiner von all den Helden, den Freunden, den Schildträgern, den Ehrenmännern, keiner! Doch i c h bin noch da!! *Nimmt Hut, wirft Mantel über, hinaus.*

Simon: Nicht in die Klinik, Herr Professor, nicht in die Klinik. *Ihm nach.*

Dr. Hirsch: Wenn er zur Klinik rennt ...

Seidel: Oder zur Druckerei ... *Beide ihm nach.*

Bühne einige Sekunden leer. Ruth kommt langsam ins Zimmer, sieht sich um, lauscht, steht da wie angenagelt, völlige Stille.

Ruth: ... Ihr habt's ja nicht geglaubt: „Juden 'raus! Juden 'raus!" ... aber jetzt ist's soweit, ausgebrannt ist das Haus ... still, wie tot, keine Maus rührt sich ... vielleicht kommen sie diese Nacht, Vater holen ... *Arme fest an den Leib gepreßt, scheinbar ruhig, aber die furchtbare Angst, unterdrückend.* Sie werden schon nicht kommen, bestimmt, sie werden schon nicht kommen ... *Nimmt schnell ein Schulbuch aus der Mappe, beginnt zu lesen, setzt ab.* „Juden 'raus! Juden 'raus!" *Springt auf, hier im Zimmer voller Mut.* Wer ist denn hier der „Jude"? Ihr feige Bande! Hundert gegen einen! Ihr Giftspritzer, ihr Muffgesichter, ihr Mottenköpfe ... *Steht vor der Tür, zieht sich schnell zurück, setzt sich an ihren Tisch über ihre Bücher, beginnt – ihre Angst zu betäuben – einen Schlager zu pfeifen: „Ein Stückchen Seide und darin du ..."*

Ein junger Arbeiter stürzt mit einem Paket herein.

Ruth *herum:* Hilfe!

Arbeiter *zu ihr:* Ruhe, Mädel, bin doch bloß gestolpert.

Ruth *zitternd:* Wer sind Sie?

Arbeiter: War Rolf schon hier?

Ruth: Nein, nein, er war nicht hier, kommt auch nicht.

Arbeiter: Du bist doch seine Schwester – sei doch ruhig, Mädel –, natürlich kommt er, ich lass' das Paket hier, du mußt's ihm geben.

Ruth *voll Angst:* Sind Sie Kommunist?

Arbeiter: Red keine Brühe, Kind, wie heißt du?

Ruth *wie in der Schule:* Ruth Mamlock.

Arbeiter: Also, Ruth, ich heiße Ernst ... und hier ist was drin für deinen Bruder. Du bist doch ein knorkes Mädel, na siehst du, und wenn dein Bruder heut' oder morgen kommt, wenn er nämlich deine Mutter noch mal sprechen will, dann gibst du ihm das Paket, klar?

Ruth: Was ist denn drin?

Ernst: Pralinés, mein Liebling, und Seeschlangen ... *Plötzlich scharf.* Gib's ihm, und fertig! *Sieht sich um, setzt sich, gähnt.* Kinder, bin ich kaputt, kann man sich hier nirgendwo für 'ne halbe Stunde hinhaun ... auf 'nem Sofa oder dem Boden?

Ruth: Sie haben wohl diese Nacht nicht geschlafen?

Ernst *lachend:* „Diese Nacht" ... kann man schon sagen ... *Er rappelt sich hoch, nach rechts.* Also los, da ist ja so 'ne stille Bucht ...

Ruth *feierlich:* Vaters Arbeitsraum!

Ernst: Na, großartig, wecke mich in 'ner Viertelstunde! Wie heißt du noch?

Ruth: Ruth!

Ernst: Oder besser in 'ner halben Stunde, hörst du, Ruth? *Geht nach rechts.*

Ruth schleicht wie eine Katze um den heißen Brei um das Paket, sie hält es nicht aus, puhlt an der Kordel, macht eine Ecke auf, zieht ein Flugblatt heraus und liest mit großen, neugierigen Augen. Ernst schaut rechts aus dem Zimmer, er ist mit einem Satz bei ihr, reißt ihr das Flugblatt weg, schlägt ihr auf die Finger.

Ernst: Kleines Biest!

Mutter herein, schnell hinzu.

Mutter: Was ist?

RUTH *auf Paket:* Das da!!

ERNST *schnell:* Für Rolf...

MUTTER: Wo ist er?

ERNST: Such' ihn ja selbst.

MUTTER: Er verteilt Flugblätter?

ERNST *ablenkend:* Tüchtiger Junge, der Rolf, knorke für 'n Intellektuellen...

MUTTER *vor ihm:* Wo ist Rolf...

RUTH: Im Gefängnis...

MUTTER: Trafen Sie ihn... *Ernst hält sich am Tisch, setzt sich.* Sie können ja selbst kaum mehr aus den Augen schauen vor Müdigkeit; wollen Sie nicht etwas ruhn?

ERNST *lebendiger:* Das schon, mich mal hinhaun irgendwo, auf dem Boden, in der Küche, im Kohlenkeller, bloß 'ne halbe Stunde.

MUTTER: Natürlich, sofort, Sie müssen sich einmal ausschlafen! Aber Hunger haben Sie doch sicher auch, haben Sie schon Mittag gegessen?

ERNST *lächelnd:* Nee, das gerade nich.

MUTTER: Also los, Ruth, ein paar Brote heran und Aufschnitt... essen Sie auch Eier?

RUTH: Spiegeleier oder Rühreier?

ERNST: Wie's kommt; Hauptsache, wenn's kommt.

Ruth ab.

MUTTER: Wann sahen Sie Rolf?

ERNST *wieder müde:* Vorgestern.

MUTTER: Hatte man ihn verprügelt?

ERNST *müde:* Noch nicht.

MUTTER: Sie sind ja furchtbar müde, legen Sie sich doch hin!

ERNST *gibt sich einen Ruck:* Nee, nee, wenn ich erst mal liege, dann kann ich nicht mehr hoch, und essen muß man doch, wo man nicht weiß, wenn man wieder was zwischen die Kiemen kriegt. *Legt den Kopf auf den Tisch.*

MUTTER: Wann haben Sie eigentlich zum letztenmal geschlafen?

ERNST: Kann drei oder vier Tage her sein... Sie meinen im Bett... auch acht oder zehn Tage... nämlich jetzt rechnen wir nicht mehr nach Tagen, nicht wahr, sondern wieviel „Billetts" du losgeworden bist.

MUTTER: Sie verkaufen Billetts?

ERNST *lacht, setzt sich harmlos auf sein Paket:* Na ja ... natürlich, etwas muß der Mensch doch machen in dieser Zeit, meinen Sie nicht?

Ruth mit einem Tablett voll Broten, Aufschnitt, Spiegeleiern.

RUTH *zu Ernst:* Was sagen Sie nun?

ERNST: Ich sage gar nichts ... *Zur Mutter.* Kann's losgehn?

MUTTER *ihm aufgebend:* Aber natürlich, dafür ist es doch da! Sie sollen nehmen, was Sie wollen, soviel Sie wollen, es steht ja alles zu Ihrer Verfügung ... Bitte, hier Aufschnitt, Eier ... *Sie gibt ihm auf.* Brote oder lieber Semmel?

ERNST *reibt sich die Augen:* Kinders, Kinders! *Dann schnell, als könne der ganze Zauber verschwinden, macht sich über das Essen, ißt mit voller Wucht.*

MUTTER *sich setzend:* Guten Appetit!

ERNST *mit vollen Backen:* Danke ...

MUTTER: Haben Sie auch noch Geschwister und Eltern?

ERNST *hält plötzlich im Essen inne, ißt dann langsam weiter:* Klar.

MUTTER: Sind die eigentlich mit Ihnen einverstanden?

ERNST *essend:* Wieso?

MUTTER: So ... mit Ihren Ideen?

ERNST *immer essend:* Die sind doch auch Proleten, klar ... Vater war Polleiter im Bezirk, den hat die SA gleich geholt, vor drei Wochen, nachts, wahrscheinlich in so 'ne SA-Kaserne verschleppt; seitdem haben wir nichts mehr von ihm gehört.

RUTH: Aber das ist doch furchtbar! Wenn sie ihn dort verprügelt haben oder sogar ...

MUTTER: Ruth! Aber Sie müßten doch dann bei der Polizei recherchieren!

ERNST *auflachend, daß ihm das Essen zum Mund heraussprudelt:* Kinders, „bei der Polizei recherchieren", ihr macht ja blendende Witze! Und w e r soll denn „recherchieren"? Mutter ist selbst getürmt zu Verwandten aufs Land, die beiden Brüder mußten auch abhaun, klar, wenn sie nicht ins Konzentrationslager wollten ...

RUTH: Und Sie wissen nicht, wo sie sind?

Ernst: Manchmal sehe ich einen auf der Straße, da blinzeln wir uns mal an, aber anquatschen, ausgeschlossen, weil doch überall die Krimis und Achtgroschenjungen spannen ...

Ruth: Und Ihre Brüder haben auch nichts zu essen?

Ernst: Nee.

Ruth: Sagen Sie mal, tun Sie das eigentlich alles wegen dem Kommunismus?

Ernst *immer essend:* Ach, Mensch, ich tue ja gar nichts.

Ruth *erregt:* Doch, doch, mir machen Sie nichts vor! *Bewundernd.* Und da meine ich, Sie müssen doch einen wunderbaren Idealismus haben, wenn Sie so für Ihre Ideen eintreten!

Ernst *essend:* Mädel, red keine Brühe! Idealismus, das ist doch bloß, wenn's einem nicht weh tun soll ...

Ruth *pikiert:* Also, dann stimmt es doch, daß Sie verletzen, brennen und morden wollen, daß Sie für Diktatur und Materialismus sind!?

Mutter: Ruth, nun laß den Herrn aber wirklich einmal ruhig essen! Greifen Sie doch weiter zu, Sie sehen, es ist ja genügend vorhanden, und wir freuen uns, wenn es Ihnen schmeckt; dann gehen Sie hinauf, schlafen einmal zwei bis drei Stunden, solang Sie wollen, und hernach erzählen Sie uns von Rolf! – Sind Sie fertig?

Ernst *der mit dem Essen aufgehört hat:* Ja.

Mutter: So, jetzt gehn Sie mit mir hinauf in Ihr Zimmer, Sie müssen ja todmüde sein.

Ernst: Schlafen, Kinders, schlafen ... Tatsache, das ist im Moment das Allerfeinste, noch hundertmal feiner als das ganze Essen! Schlafen! *Er will hinauf, kehrt nochmals um, nimmt das Paket.*

Ruth: Das können Sie ruhig unten lassen.

Ernst *sieht sie an:* Nee, mein Liebling.

Ruth *spitz:* Da muß ja ganz was Wertvolles drin sein.

Ernst: Was du nicht sagst! *Will hinauf.*

Mutter *zu ihm:* Ist da wirklich nichts Belastendes drin?

Ernst: Ach was.

Mutter: Keine Flugblätter?

Ernst: Ich hab' nicht 'reingesehen.

Mutter *vor ihm:* Sagen Sie bitte die Wahrheit, ja oder nein?

ERNST: Na, wennschon.

RUTH *triumphierend:* Flugblätter! Wer hat recht?!

MUTTER *zurück zum Tisch:* Hören Sie, das geht aber nun wirklich nicht. Sie haben sich wohl eben selber überzeugt, daß wir einem anständigen Menschen gegenüber uns stets menschlich verhalten; aber da ist doch eine Grenze.

ERNST: Liebe Frau, ich bin wirklich zu kaputt, um mit Ihnen zu diskutieren.

MUTTER: Wir wollen auch nicht diskutieren, nur diese Flugblätter dürfen nicht im Hause bleiben, keine Minute, auf keinen Fall; sie gefährden meinen Mann und die ganze Familie!

ERNST: Na, ich gehe ja schon. *Nimmt das Paket.*

MUTTER *hält ihn:* Sie selbst können doch bleiben! Bloß die Flugblätter ... warten Sie ... das Dienstmädchen kann sie am Bahnhof als Handgepäck abgeben!

ERNST *das Paket haltend:* Is nischt, ausgeschlossen! Für die da bin ich verantwortlich, die müssen genau dahin, wo sie hingehören!

RUTH *gereizt:* Er hat auch seinen Stolz, aber er weiß wohl kaum, was hier für uns auf dem Spiele steht!

ERNST *ruhig:* Natürlich weiß ich ... ist doch klar; sie werden aus eurer Wohnung Kleinholz machen und euch selber 'ne dufte Abreibung geben ...

MUTTER *erregt:* Und das wollen Sie verantworten?!

ERNST *ruhig:* Will ich ja gar nicht, liebe Frau, will ich ja gar nicht. *Geht zur Tür.*

MUTTER *jetzt auch gereizt:* Aber Sie sagen das so, als ob das gar nichts wäre!

ERNST *sich umwendend:* Was das ist, liebe Frau, das weiß ich schon ganz genau, klar, das können Sie mir glauben, das weiß ich seit den letzten drei bis vier Wochen ganz genau, verstehste ... wenn nachts plötzlich die Scheinwerfer um 'nen Häuserblock aufzucken und dann die Schupo und die SA ruft: „Fenster zu! Alles 'raustreten! Hände hoch!!" ... und dann das Geschrei von den Weibern und Kindern ... und dann schleppen sie die Genossen weg, und dann hört man im Laubengelände die Stahlruten klatschen, und die Männer brüllen vor Schmerz, und auch 'n paar Schüsse knallen, dann wissen die Frauen im Häuserblock, daß wieder mal einer „auf der Flucht erschossen“ wurde ...

Ruth *hält sich die Ohren zu:* Aber das ist ja furchtbar ...

Mutter: Nehmen Sie doch Rücksicht auf das Kind!

Ernst: Ach, bei uns sind die Kinder immer dabei, mittenmang, noch viel kleinere Gören ... aber Kinders, da machen wir keinen Sums mehr drum, denn wenn wir so wie ihr hier säßen in Angst ums Porzellan oder 's Möblement oder 's bißchen Leben ... dann könnten wir gleich einpacken.

Mutter *erzürnt:* Sie wissen natürlich nicht, daß man Doktor Mamlock aus seiner Stellung entlassen hat, daß auch wir zu leiden und zu kämpfen haben!

Ernst *geladen:* Wissen wir, wissen wir. Und wißt ihr, daß Tausende, nein Zehntausende, nein Hunderttausende deutsche Proleten aus den Betrieben geworfen wurden und werden wegen ihrer Überzeugung, daß sie denunziert, gejagt, verhaftet, verprügelt, aus den Stempelstellen getrieben werden, daß sie kein Bankkonto haben und keine Ersparnisse, daß diese Genossen, die nicht „auf der Flucht erschossen“ werden und in den Gefängnissen verrecken, glatt verhungern müssen ... und keine Zeitung des In- und Auslandes schreibt über die eine einzige Zeile ...

Mutter: Das sind doch Übertreibungen!

Ernst: ... Tausende hier in der Stadt allein sind seit vier und fünf Wochen nicht mehr in ihre Wohnungen gekommen, Hunderte pennen auf den Laubengeländen, in Hütten, Schuppen, an Bahndämmen, in Wäldern, andere jede Nacht in 'nem anderen Quartier ... aber darum kriechen wir doch nicht untern Tisch, weil man nämlich diese Bande nicht versöhnen oder beschmusen, sondern nur vernichten kann; darum agitieren, arbeiten, organisieren und kämpfen wir weiter ... Mahlzeit! *Mit Paket zur Tür.*

Mutter *hält ihn:* Bleiben Sie doch!

Ernst: Nee, danke, jetzt bin ich wieder auf der Höhe, und wenn Rolf kommt, ich bin am Punkt C! *Schnell ab.*

Ruth: Da hast du's, Mutter.

Mutter: Wenn sie alle so sind, wenn auch der Rolf so wird ...

Von links schnell Dr. Inge.

DR. INGE: Wenn Sie Ihren Sohn nicht zurückrufen ...

MUTTER: Wo ist er?

DR. INGE: Er verkauft Zeitungen.

MUTTER *packt sie:* Wo?

DR. INGE: Am Lehrter Bahnhof. – Bleiben Sie! Als er mich sah, da verschwand er wie vom Erdboden verschluckt, aber wenn die SA ihn schnappt in dieser Aufmachung, dann ist es aus mit ihm.

MUTTER *drängt sie zur Tür:* Kommen Sie, kommen Sie, dorthin, wo Sie Rolf sahen, ich bitte Sie! *Dr. Inge bleibt.* Ach so ... Sie müßten ihn der SA ausliefern.

DR. INGE: Ich bin kein Spitzel ...

MUTTER: Aber Ihre Überzeugung ...

DR. INGE: Auch ich achte einen Kämpfer.

MUTTER: Einen Kommunisten, einen Juden?

DR. INGE: In Rolf fließt I h r Blut! *Nachdenklich.* Er muß noch in dem Bezirk sein.

MUTTER *erregt:* Er ist noch dort! Gehen Sie noch einmal hin, gehen Sie mit mir, ich bitte Sie, kommen Sie!! *Zieht sie zur Tür.*

RUTH *dazwischen:* Nein, Mutter, nein! Du kennst sie nicht, sie machen auch vor Frauen und Kindern nicht halt, sie werden dich niederknüppeln, den gelben Fleck dir auf den Rücken malen, auf die Brust, durch die Straßen dich schleifen, Mutter, Mutter ... *Umklammert mit aller Kraft ihre Knie, so daß sie nicht weg kann.*

Stimmen draußen vor der Tür. – Alle lauschen atemlos.

RUTH *leise, starr vor Angst:* Sie kommen ...

MUTTER *leise zu Dr. Inge:* Dort hinaus, nach rechts, durch den Garten, Vorsicht! *Begleitet sie zur Tür rechts; hält einen Augenblick inne.* Und bringen Sie mir ihn, bringen Sie mir meinen Jungen, hören Sie, kommen Sie mit ihm, kommen Sie schnell ... *Drängt sie nach rechts hinaus.*

RUTH *noch immer am Boden kniend, hält sich die Ohren zu:* Sie kommen, sie bringen ihn, den Rolf, oder den Zeitungsfritzen von eben, sie werden uns fragen, warum wir ihm zu essen gaben ... *Springt auf, zur Mutter.* Aber ich lasse mich nicht mehr schlagen, ich lasse mich nicht mehr niedertrampeln! *Leise.* Da, Mutter, da in Vaters

Zimmer, in Vaters Tisch liegt sein Revolver, lebend sollen sie uns nicht fangen, Mutter!

MUTTER *hält sie:* Still!

Die Tür gegenüber wird aufgestoßen – Ruth hält sich die Ohren zu – zwischen Oberarzt Dr. Carlsen und Krankenwärter Simon, willenlos geführt und von ihnen gestützt, Mamlock, er ist völlig verändert, gar nicht mehr er selbst, sein Kragen und Hemd sind zerknüllt, sein Rockkragen ist hochgeschlagen, um den Hals hängt an einer Schnur ein Pappdeckelschild mit der Aufschrift: Jude!

MUTTER *auf ihn zu:* Hans!?

Mamlock starrt vor sich hin.

MUTTER *hebt seinen Kopf:* Hans! Hans!

RUTH *geht vorsichtig heran, schaut auf das Schild:* Haben sie auch wie auf dem Schulplatz von allen Seiten geschrien, Vater, fünfzig gegen einen, Vater, haben sie dich angepackt, den Rock zerrissen, die Hosen, in deiner Klinik ...

DR. CARLSEN: Natürlich ließen sie ihn nicht mehr hinein; vor der Einfahrt standen SA-Posten, frühere Hilfskrankenwärter, sie erkannten den Professor, sein Auto wurde angehalten, er selbst herausgezerrt, beschimpft, er wehrte sich ...

RUTH *heftig:* Und ihr, und ihr?!

DR. CARLSEN: Einen stieß der Simon beiseite.

SIMON: Sie waren dreißig gegen uns drei; dann hängte man ihm das Schild um.

MUTTER: Weg! *Will es wegnehmen, aber Mamlock hält es krampfhaft fest.*

DR. CARLSEN: Lassen Sie ihn, lassen Sie es ... es ging noch alles gnädig ab, ein Glück, daß ich gerade auf Station war und den Tumult hörte; sie hätten ihn sonst mit dem Schild durch die Straßen geführt.

MUTTER: Schamlos!

SIMON: Sie wollen uns nicht mehr.

MAMLOCK *bisher wie gelähmt, leise:* Wehrlos, ganz wehrlos ...

RUTH *entschlossen, zu ihm, faßt seine Hände:* Das ist nicht wahr, Vater, ist ja alles nicht wahr, Vater! Siehst du mich? Ich bleibe bei dir, ich lasse dich nicht im Stich, wir zwei gehen zusammen, und wenn die ganze Meute draußen kläfft und anspringt, du bist mein Vater, mein Vater, der im Krieg ganz andre Kerle und Granaten roch, ich war vorhin ein feiges und blödes Mädel, ich weiß ... Aber jetzt ziehst du dich um, und wir zwei werden ruhig durch die Straßen gehn, ein Mädel mit seinem Vater; sollen sie kommen, gut; sollen sie uns ankläffen, gut; sollen sie sich herandrängen, gut ... wir zwei werden durch die Straßen gehn, ein Mädel mit seinem Vater, hast du Mut, Vater? *Hat ihn an der Hand genommen.*

MUTTER *dazwischen:* Bist du wahnsinnig, Ruth?

RUTH *wild:* Ich lasse meinen Vater nicht kaputtmachen!! Seht ihr ihn denn nicht, seht ihr ihn denn nicht? *Umklammert ihn.* Vater?!

MAMLOCK *leise:* Ruhig, ruhig, ihr Leute. *Seine letzte Kraft zusammennehmend, ganz förmlich:* Gestatten Sie mir, meine Herren, daß ich's mir bequem mache! *Er legt seinen Hut ab, hält aber das Schild fest, geht grade und steif in sein Arbeitszimmer.*

MUTTER *zu Dr. Carlsen und Simon:* Meine Herren, Sie müssen mir helfen, helfen Sie mir! Er muß ins Ausland ...

RUTH: Fliehen?

MUTTER: Verreisen! Auch du, Ruth, du sollst mit ihm, schnell geh hinauf, den Schrankkoffer und die beiden schmalen, leichten, vorwärts, Ruth, wir fahren noch den Abend!

RUTH: Bei Nacht und Nebel?

Dr. CARLSEN: Wollen Sie Ihren Vater retten?

Ruth ab.

MUTTER: Hoffentlich wird er wollen!

Dr. CARLSEN: S i e müssen jetzt wollen, Gnädigste; er wird überhaupt nicht mehr wollen, fürchte ich.

MUTTER: Wie meinen Sie das?

Dr. CARLSEN *ablenkend:* Unbedingt fahren Sie noch diese Nacht, gnädige Frau; man kann für nichts mehr einstehn.

Mamlock kommt aus seinem Zimmer, sein Anzug ist wieder in Ordnung, er hat auch das Schild inzwischen abgelegt. Die Mutter geht ihm entgegen, begreift, packt zu, zieht seine

Hand aus der Tasche, er hält einen Revolver, seinen alten Militärrevolver von 1914.

MUTTER *will ihm die Waffe nehmen:* Hans!!

MAMLOCK *hält die Waffe fest:* E i n m a l haben diese Flegel das mit mir gemacht, einmal ...

Dr. CARLSEN: Herr Professor!

MUTTER: Hans, können diese Menschen deine Ehre beschädigen?

Mamlock streicht ihr übers Haar.

Dr. CARLSEN: Herr Professor, es gibt nur eines: diese Nacht fahren!

MAMLOCK *starr:* Ich bleibe.

Dr. Hellpach im SA-Mantel, mit hohen Reitstiefeln, begleitet von einem SA-Mann mit umgehängtem Karabiner, von links.

Dr. HELLPACH *militärisch grüßend:* Verzeihung, gnädige Frau, ich habe Herrn Mamlock eine Mitteilung zu machen.

MUTTER: Muß das jetzt sein?

Dr. CARLSEN: Sehen Sie nicht, Herr Kollege, wie man Herrn Professor soeben vor dem Krankenhaus behandelt hat!

Dr. HELLPACH *scharf:* Wollen auch Sie Greuelnachrichten verbreiten!? – Herr Mamlock! Um weiteren Mißverständnissen vorzubeugen, habe ich als Kommissar der nordwestlichen Krankenhäuser Ihnen folgendes mitzuteilen: Sie selbst und sämtliche nichtarischen Ärzte, Angestellte und Mitglieder des Personals sind fristlos entlassen; Sie haben ab morgen die Klinik nicht mehr zu betreten! Haben Sie mich verstanden?

MAMLOCK *starr:* Bitte noch einmal.

Dr. HELLPACH: Ihnen selbst, sämtlichen nichtarischen Ärzten, Angestellten und Mitgliedern des Personals ist ab morgen das Betreten der Klinik untersagt!

MAMLOCK *ruhig:* „Untersagt?“ Auf Grund welchen Vertrages, welcher Verfassung, welchen Gesetzes?

Dr. HELLPACH *schneidig:* Auf Grund des Gesetzes, das die nationale Revolution sich gab, des Gesetzes „zur Wiederherstellung des Berufsbeamtentums“!

MAMLOCK: Und wo ... ist hier die Rechtsgrundlage, die innere Rechtsgrundlage, ich meine das fair play, der innere Anstand, die Sauberkeit, von der Sie so viel reden, die primitivste Gerechtigkeit, die unter Menschen herrscht!? Sie selbst kamen auf meine Klinik, warum? *Stärker.* Weil ich ein Idiot war, oder ein Scharlatan, oder ein Minderwertiger, ein „Untermensch"? Oder vielleicht, weil Sie bei dem Juden Mamlock etwas lernen konnten, junger Mann ...

DR. HELLPACH: Nehmen Sie sich zusammen, Herr Mamlock! Ihre Zeit ist vorbei!

MAMLOCK *in Fahrt:* ... weil Sie bei mir lernen w o l l t e n, und zwar das, was Sie bei keinem anderen Operateur lernen konnten! Da fragten Sie nicht nach meinem Großvater, nach meiner Haar- und Augenfarbe, da wollten Sie einfach bei einem guten Chirurgen Ihr Handwerk lernen, weil er selbst sein Handwerk verstand, der jüdische Chirurg, und jetzt kommen Sie mit solchen Pigmentangelegenheiten, mit solchen Fassadematzchen ...

DR. HELLPACH *heftig:* Ich habe mit Ihnen nicht zu diskutieren, Herr Mamlock! Diese Dinge werden nicht intellektuell entschieden, sondern mit dem Herzen, und unser Volk h a t entschieden!

MAMLOCK: Und wie?

DR. HELLPACH: Jude bleibt Jude! Er wird nie mehr Gelegenheit haben, über einem Deutschen zu stehn!

MAMLOCK *ruhig:* Aha, also F u r c h t, also Furcht vor dem Wettkampf? Also, man wird uns verbieten, auf den Universitäten zu studieren nach unseren Kräften, man will uns verbieten, zu arbeiten, zu denken, zu dichten, öffentlich zu musizieren, man wird unsere Erfindungen nicht anerkennen, unsere Preisfechter, Läufer, Wetturner, Tennisspieler aus den Listen streichen ... aber werden wir Juden dadurch schlechter, und werdet ihr andern dadurch besser ... durch d i e s e n S e l b s t b e t r u g! Unter sechzig Millionen Deutschen gibt es ganze sechshunderttausend Juden, also gerade ein Prozent, und gegen dieses eine Prozent bietet ihr Himmel und Hölle auf, mit dem einen Prozent werdet ihr nicht fertig, dieses e i n e Prozent könnt ihr nicht assimilieren?!

DR. HELLPACH *wütend:* Weil wir nicht wollen! Denn unser

Volk hat entschieden, und die Entscheidung lautet: „Juden 'raus!"

MAMLOCK: „Juden 'raus..."

DR. HELLPACH: Nach Polen, Rußland, Palästina...

SIMON *auf ihn zu, plötzlich:* Der Gott Abrahams, Isaaks und Jakobs[51] segne Sie, Sie... Werkzeug Gottes!

DR. HELLPACH *zurückfahrend:* Wahnsinnig?! Drei Schritte vom Leibe mit Ihrem Abraham, Isaak und Jakob!

MAMLOCK *in Gedanken:* Wir bleiben in Deutschland, wir können nicht mehr aus diesem Land, wir sind ein Teil dieses Landes; nehmt ihr uns alles, unsere Arbeit, unsere Ehre, unsere Heimat, dann bleibt uns nur ein Weg...

DR. HELLPACH: Tun Sie, was Sie müssen; aber die Klinik betreten Sie nicht mehr!

MAMLOCK *stark:* Morgen früh werde ich in meiner Klinik sein! *Mit Simon nach rechts in sein Arbeitszimmer.*

Kurzes Schweigen, dann...

DR. HELLPACH *unsicher, zur Mutter:* Verzeihung, ich bedaure vor Ihnen – als einer Arierin – diesen Vorgang... ich bedaure, daß gerade vor Ihnen, wie soll ich sagen... *Sucht nach einer höflichen Wendung.* Seien Sie gewiß, in Zukunft wird dies nicht mehr möglich sein, eine solche Verwirrung, eine solche Symbiose[52], die Vermischung eines Juden mit einer Arierin.

MUTTER *ruhig:* Wissen Sie das so genau, Herr Kommissar?

DR. CARLSEN *zu Hellpach:* Ich halte Ihre letzte Bemerkung für überflüssig, Herr Kollege.

DR. HELLPACH *scharf:* Wenn Sie unsre Ideen für „überflüssig" halten, Herr Carlsen, die Ideen unsres Führers über Volk und bluthafte Erneuerung unsres Volkes, dann, Herr Carlsen, werden Sie wohl selbst die Konsequenzen aus dieser Ihrer Haltung ziehen!

DR. CARLSEN *betroffen:* Verzeihung, ich habe mich wohl nicht ganz klar ausgedrückt?

DR. HELLPACH: Sehr klar! Ich danke Ihnen! *Offiziersmäßige Verbeugung vor Mutter, dann mit SA-Mann ab.*

MUTTER *zu Dr. Carlsen:* Aber das ist doch unmöglich, Herr Doktor, das ist doch völlig unmöglich! Sie haben doch mit der ganzen Sache nichts zu schaffen, wir können das nicht verantworten, bloß wegen eines mißverständlichen Wortes... schnell, gehen Sie ihm nach!

Dr. CARLSEN *hilflos:* Es wird zu spät sein; auch ich werde meine Koffer packen.

MUTTER *packt ihn:* Unsinn, Herr Doktor ... Verzeihen Sie! Seien Sie kein Kind, hören Sie auf mich, kommen Sie, sprechen Sie mit ihm, wir holen ihn noch ein! *Mit Dr. Carlsen schnell ab.*

Von hinten kommt Ruth, zwei Koffer schleppend, setzt sich darauf, beginnt aus dem Livius zu lesen, schleicht dann zur Tür des Arbeitszimmers, horcht, wieder zurück zu den Koffern, öffnet einen noch halb leeren, holt heraus, Tennisschläger, Wasserball, ein großes Gummitier, Badeanzug und ein Dolchmesser, sie nimmt es aus der Scheide, in die Faust, kneift die Augen zu, steckt es wieder zurück, wirft alles wieder in den Koffer, mit dem Gepäck dann nach links ab. – Jetzt Dr. Inge, danach Rolf schnell von rechts vom Garteneingang.

Dr. INGE: Das ging haarscharf!

ROLF: Dieser Naziote, war das Vaters Assistent?

Dr. INGE *nickt:* Doktor Hellpach.

ROLF: Ihr Parteigenosse?

Dr. INGE: Quatsch! Verzeihen Sie! *Ruhiger.* Gehen Sie jetzt zu Ihrer Mutter – ich habe es ihr versprochen – und vergessen Sie heute einmal das Parteibuch und den ganzen marxistischen Kram!

ROLF: Danke. *Will nach rechts oben.*

Dr. INGE *vor ihm:* Und wohin gehen Sie morgen? *Rolf schweigt.* Auf noch schärferen Posten? *Plötzlich.* Mensch, sagen Sie, wollen Sie wirklich diesen sinnlosen Schwindel weitermachen als Zettelverteiler, als Zeitungsverkäufer, als illegaler Agitationsfritze? Wollen Sie wirklich, daß man Sie in vier bis fünf Tagen oder spätestens in ein bis zwei Wochen zu Hackepeter verarbeitet ... denn klappen wird man Sie bestimmt, wie man alle von euch klappt, wo jetzt hundert gegen einen stehn ... wissen Sie, was dann mit Ihnen geschieht?

ROLF: Klar.

Dr. INGE *immer erregter:* Und was haben Sie davon? Eure paar Zettel sind zwecklos! Wir haben heute den Rundfunk, die ganze Presse, die täglich in Millionen Exemplaren unsere Parolen und Nachrichten unter die Massen schleudert, wir haben den Film, das Theater, den ganzen Staatsapparat, wir haben die Schule, die Kirche, die Betriebe, die Sportverbände, wir haben die Polizei, die Juristen, die Ärzte, die Pastoren, die Gelehrten, wir haben vom Professor bis zum Friseurgehilfen ganz Deutschland hinter uns! Ihr opfert euch sinnlos!

ROLF: Meinen Sie?

DR. INGE: Ich meine es nicht, es ist so! Wofür stellen Sie sich hin? Für den Kommunismus? Schön! Aber was ist diese Bewegung? Ihr hattet Dutzende Organisationen, Zehntausende Bewaffnete, Arbeiter der Faust...

ROLF *ruhig:* Die Vorhut.

DR. INGE: Und das Gros?

ROLF: Das schlief noch in den Zelten der Gewerkschaften...

DR. INGE: Das schläft heute noch und morgen noch und übermorgen...

ROLF: Das habt ihr aus seinem Schlaf geprügelt, das liegt noch am Boden, richtig, aber nicht mehr schlafend, das liegt mit angehaltenem Atem, das lauscht, das zittert, das spannt nach unsern Handzetteln, Worten, Parolen, das lernt durch euch und von uns...

DR. INGE: Zu spät!

ROLF: Unsinn, wir fangen erst an, oder ist es nichts, was wir tun?

DR. INGE: Mückenstiche!

ROLF *unbeirrt:* Jawohl, wir haben kein Radio, kein Theater, keine Kirchen, keinen Staatsapparat, keine Schupo und SA, stimmt, wir haben auch keine Bataillone von Professoren, Richtern, Ärzten, Pfarrern, Studienräten und Friseurgehilfen, stimmt, wir haben keine Druckmaschinen mehr, keine Presse mit Millionenauflagen... unsere Wachsabzüge, vielleicht fünf- bis zehntausend, schlecht gemacht, in Kellern gemacht, von Jugendlichen und Laien gemacht, sie gehen von Hand zu Hand, durch die Maschinenhallen, die Häuserblocks, die Buden im Laubengelände, an den Straßenpunkten und Betrieben stehen unsere Jungens mit Zigarettenschachteln und den Zeitungen... na ja, das ist kein Sturmangriff mit EK eins und Heldentot, aber unsere Jungens wissen genau, was ihnen blüht, wenn man sie klappt!

Dr. INGE: Das wird auch Ihnen blühen, Rolf, bestimmt! Mensch, Sie sind doch zu schade dafür!

ROLF: Dafür ist keiner zu schade.

Dr. INGE: Und Sie glauben, das hat Sinn?

ROLF: Wird sich zeigen.

Dr. INGE: Schade um Sie.

ROLF: Warum? Ein Jude weniger ist für Deutschland nur ein Gewinn.

Dr. INGE *heftig:* Sie sind kein Jude!

ROLF *auf Pupille:* Und Sie? Sind Sie eine Deutsche?

Dr. INGE: Wieso?

ROLF: Müssen Sie nicht die kommunistischen Flugblattverteiler verhaften und dem nächsten SA-Posten übergeben lassen? *Dr. Inge schweigt.* Ich weiß, „weil Sie eine Ausnahme sind", weil „wenn alle Kommunisten so wären wie Sie" ... Unsinn, ich bin nicht besser und nicht schlechter als tausend andere; ich sehe vielleicht nur klarer, was geschehen muß, und ich werde weiterarbeiten für das, was ich sehe.

Dr. INGE *vor ihm:* Das nächste Mal werde ich meine Pflicht tun. – Jetzt gehen Sie zu Ihrer Mutter!

Draußen ein kurzes Kommando, dann Klappern von eisernen Nagelschuhen im Flur.

ROLF *zieht seinen Revolver:* Dicke Luft?

Dr. INGE: Weg! *Stößt ihn nach rechts hinaus.*

Von links Dr. Hellpach und ein SA-Mann, den Karabiner schußbereit in den Händen.

Dr. HELLPACH *zu Dr. Inge:* S i e hier?

Dr. INGE *mit Nerven:* Ich hatte – Sie wissen, es ist Ihnen bekannt, es lag durchaus auf der Linie der Partei –, ich hatte Doktor Mamlock mein Entlassungsgesuch eingereicht. Es wurde durch das Beamtengesetz hinfällig; ich wollte meine Papiere jetzt von ihm zurück.

Dr. HELLPACH: Sie waren in Begleitung?

Dr. INGE: Mein Bruder.

Dr. HELLPACH: Er ging mit in dies Haus?

Dr. INGE: Bis zur Tür.

Dr. HELLPACH: Es wurde anders beobachtet.

Dr. INGE *scharf:* Was wurde „anders beobachtet"?

Dr. Hellpach *gegen SA-Mann:* Noch eine falsche Meldung, und Ihr fliegt!

SA-Mann schlägt die Hacken zusammen.

Dr. Hellpach *zu Inge:* Verzeihung! *Grüßt, mit SA-Mann links ab. Dr. Inge bleibt allein zurück.*

Draußen Marschtritt vorbeiziehender SA-Trupps, man hört das „Horst-Wessel-Lied".

Rolf von rechts.

Rolf: Wer war's? *Dr. Inge schweigt.* Sie sagten nichts? *Dr. Inge schweigt.* Gehen Sie jetzt, das nächste Mal kann es knallen.

Dr. Inge: Ich habe Ihrer Mutter versprochen, sie will Sie noch einmal sehen.

Rolf: Sie wollen hier warten?

Dr. Inge: Ja.

Rolf *hart:* Schmiere stehn? *Dr. Inge sieht ihn an. – Rolf lächelt.* Na ja, oder „Posten"?

Dr. Inge *ausbrechend:* Was quälen Sie mich!! Es ist doch einfach nicht möglich, ist doch heller Wahnsinn, wenn die wenigen Kerle von Klarheit, Mut und Überzeugung jetzt hochgehen ... *Packt ihn.* Du, du darfst dich nicht in diesen Hexenkessel stürzen, Rolf, das Opfer ist sinnlos ... einzelne müssen doch dasein für später! Geh zu deiner Mutter, Rolf, geh jetzt, aber dann fahre ins Ausland, sofort, arbeite, lerne, schaffe dir einen Blick, und dann komm wieder!

Rolf: Und wer soll hier im Land arbeiten? Die Krüppel, der Ausschuß, die Schwachen?

Dr. Inge: Ich weiß nicht.

Rolf: Aber ich weiß. Und wenn noch Tausende und Zehntausende von uns hochgehen, es werden neue dasein, wir sind erst der Anfang, unsere Fehler sind unsere Feuerproben, neue Kader werden herausgeschmolzen aus den Irrtümern und Umwegen, aus den Qualen, Verfolgungen und Kerkern, und diese Kader werden Hämmer sein, die wir jetzt schmieden.

Dr. Inge *sieht ihn fest an, ruhiger:* Du mußt jetzt gehen, Rolf, geh jetzt, geh zu deiner Mutter, Rolf, sag ihr, du gehst ins Ausland, sag ihr das, hörst du ... *Faßt ihn an der Schulter.* Sag ihr, du gehst in Sicherheit ... und dann geh, wohin du mußt, Rolf, geh dorthin, wo man dich braucht.

Sie will ihn an sich reißen, hält aber mitten in der Bewegung inne, beide sehen sich an, für Sekunden, erstaunt, beherrscht, dann Rolf schnell nach rechts hinten ab. – Dr. Inge steht starr und ruhig da, lauschend und wie auf Posten.

VIERTER AKT

Am folgenden Tag

Vorbereitungsraum zum Operationssaal wie im ersten Akt. Prof. Mamlock mit kurzen Ärmeln allein im Vorbereitungsraum, den Rücken zum Zuschauer, desinfiziert sich, wendet sich jetzt, besichtigt Instrumententisch. Simon kommt, kurze, schweigende Arbeit, dann ...

MAMLOCK: Alles vorbereitet, Simon?
SIMON: Alles; wir sind etwas früh, Herr Professor.
MAMLOCK: Haben gestern einen Tag verloren. *Geht nach links in den Operationssaal.*

Simon holt die Instrumente aus der Sterilisationstrommel, legt die Gummihandschuhe zurecht. Schwester Hedwig von rechts.

SCHWESTER: Er ist schon im Operationssaal?
SIMON: Ja.
SCHWESTER: Ein richtiger Soldat; nicht einer von hundert hätte es gewagt, schon heute wiederzukommen.
SIMON: Die neue Verordnung erlaubt doch gerade den alten Soldaten ...
SCHWESTER: Verordnungen sind billig wie Sauerbier ... *Leise.* Aber sehen Sie bloß die Menschen an, wie der Hellpach heute herumstiefelt, wie ein Storch im Salat.

Dr. Hirsch und Dr. Carlsen von rechts.

DR. HIRSCH *wieder groß:* Morgen, Schwester, Morgen, Simonides! Da, die alte Garde lebt noch!
SCHWESTER: Gratuliere, Herr Doktor!
DR. HIRSCH: Wieso gratulieren? War doch selbstverständlich! *Beginnt sich zu desinfizieren.* Im übrigen, wir hätten auch so unseren Posten nicht verlassen ... Doktor Mamlock und ich.
DR. CARLSEN *sich desinfizierend:* Immerhin, besser ist bes-

ser. Gestern sah's fast so aus, als ob auch ich abkratzen müßte ...

Dr. HIRSCH: Na, und erst der Simon, großartig ist er hingestanden und hat den Professor gedeckt, hat dem einen Nazioten eine hineingefunkt, daß er lang hinschlug aufs Pflaster ...

Dr. Seidel von rechts.

SEIDEL: Kinder, das war ein Tag gestern, davon sagten schon die alten Griechen vor Troja „Oh, Tag"! – Wissen Sie noch, Hirschlein, wie wir ihn suchten durch das Kriegsgetümmel hindurch, wie wir schließlich den Namen Mamlock gar nicht mehr auszusprechen wagten, wie wir zitterten ...

Dr. HIRSCH *pikiert:* „Zitterten" ... w e r zitterte?

SEIDEL: Na, nun ist ja alles noch gut abgelaufen; wunderbar! Ist er noch nicht da? Ich will ihm gratulieren; er zählt bestimmt unter die Quote der Frontkämpfer!

Dr. Inge von rechts.

Dr. INGE: Bleibt es, wie eingeteilt?

Dr. CARLSEN: Selbstredend.

Dr. INGE: Er ist noch nicht da?

SCWESTER: Schon im Operationssaal.

Dr. HIRSCH *zu Inge:* Übrigens, wir wären auch ohne die Klausel gekommen, auf alle Fälle wären wir gekommen, da können Sie Gift drauf nehmen!

Dr. INGE: Von Ihnen, Herr Doktor Hirsch, habe ich das auch gar nicht anders erwartet!

SCHWESTER: Können wir mit dem Joden beginnen?

Von rechts Dr. Hellpach in Reitstiefeln und SA-Uniform, darüber den Arztmantel.

Dr. HELLPACH: Morgen, meine Herren! *Militärisch, im Kommandoton.* Die Lage dürfte Ihnen bekannt sein. Das Gesetz „Zur Wiederherstellung des Berufsbeamtentums" lautet, daß n i c h t a r i s c h e Ärzte keinen Dienst in öffentlichen Krankenhäusern, Ämtern und Vertrauensstellungen mehr versehen können. Die Betroffenen haben die Anstalt unverzüglich zu verlassen. Ausgenommen hiervon sind: Kriegsteilnehmer, Frontkämpfer sowie Väter und Söhne von im Felde Gefallenen.

Dr. HIRSCH: Sehr richtig!

Dr. HELLPACH *fortfahrend:* In unserem Krankenhaus werden hiervon, das heißt von der Entlassung, betroffen: ein Arzt und vier Krankenwärter, also fünf Personen.

Dr. HIRSCH: Ein Arzt? Sie gestatten, ich war Kriegsteilnehmer.

Dr. HELLPACH: Wobei Ihr Fall, Herr Hirsch, noch zu prüfen ist: ob Ihre Kriegsteilnahme als Front- oder Etappendienst gilt.

Dr. HIRSCH: Hier mein Militärpaß!

Dr. HELLPACH *nimmt ihn:* „Vizewachtmeister beim Pferdeersatzdepot" ... das nennen Sie Front? *Steckt den Militärpaß zu sich.* Herr Mamlock hat also das formale Recht, hier weiter als Chefarzt und Jude zu amtieren; es fragt sich bloß: Welcher der Kollegen, der sich als Deutschstämmiger fühlt, kann es mit seinem nationalen Gewissen vereinbaren, unter Herrn Mamlock weiterzuarbeiten.

Schweigen.

Dr. INGE: Kollege Hellpach, ich finde es unfair, diese Frage in Abwesenheit von Professor Mamlock zu stellen.

Dr. HELLPACH *scharf:* Was fair und unfair ist, das heißt, was im Sinne oder im Widerspruch zur nationalen Erhebung steht, das beurteile ich als Kommissar der Krankenhäuser.

Dr. INGE: Als Kommissar der Krankenhäuser kann Ihre Beurteilung Befehl werden; niemals aber kann dieser Befehl die Kampfweise des deutschen Menschen sabotieren und fordern, einen Gegner aus dem Hinterhalt abzuschießen!

Dr. HELLPACH: Sie werden sich vor der Parteiinstanz zu verantworten haben!

Dr. INGE: Ich bitte darum!

Schwester Hedwig von links.

SCHWESTER: Die Kranken sind vorbereitet, kann mit der Narkose begonnen werden?

Dr. HELLPACH *zu Carlsen:* Bitte, ordnen Sie an! Sie sind

bereit, an Stelle von Herrn Mamlock die Abteilung zu übernehmen?

SCHWESTER: Herr Professor ist schon da!

SEIDEL: Aber, meine Herren, so können wir doch nicht reden.

Dr. HELLPACH: Herr Seidel, ich entsinne mich nicht, Sie befragt zu haben. Wie haben Sie entschieden, Herr Kollege Carlsen?

Mamlock im Arztmantel von rechts. Einen Augenblick Schweigen. Seidel sucht burschikos über die Situation hinwegzukommen.

SEIDEL *feierlich-fröhlich:* Salve pater tantarum cholecystectomarum perfectissime factarum ... gegrüßt seist du, o Vater so vieler glücklich herausgeraufter Gallenblasen, gegrüßt von der Legion dankbarer Patienten im Hause der Messer und Schwerter!

SCHWESTER: Wir alle freuen uns riesig!

Dr. CARLSEN: Aufrichtig.

Dr. HIRSCH: Auch im Namen der alten Frontkameraden!

MAMLOCK *abwehrend:* Aber Kinder, das ist doch nicht der Rede wert, ein Zwischenfall ... die Hauptsache, wir gehen jetzt wieder an unsere Arbeit. Wie ist die Einteilung? *Legt den langen Arztmantel ab, zieht den kurzärmligen Mantel und Gummischürze an, beginnt sich zu desinfizieren.*

Dr. HELLPACH *an ihn heran, zackig:* Vor der Einteilung ... als Kommissar der nordwestlichen Krankenhäuser habe ich Sie von der Kriegsteilnehmerklausel zu verständigen!

MAMLOCK *sich desinfizierend, ohne aufzusehen:* Bekannt.

Dr. HELLPACH *mit Liste:* Ferner habe ich Ihnen hiermit eine Liste der Ärzte und Angestellten zu übergeben, die Nichtarier sind und von der Kriegsteilnehmerklausel nicht erfaßt werden; diese Personen sind sofort zu entlassen!

MAMLOCK *wirft, während er sich weiterwäscht, einen Blick auf die Liste:* Was?! Der Simon? Ausgeschlossen! Der hat fünfzehn Jahre hier mit mir gearbeitet ... ein ausgezeichneter, fähiger und treuer Krankenwärter, wie man ihn auf hundert Kilometer sich suchen kann. *Ruft.* Simon! Simon!!

SIMON *kommt von links:* Herr Professor?

MAMLOCK: Ausgeschlossen, den Simon gebe ich nicht her!

Dr. HELLPACH: Darüber entscheiden nicht Sie.

MAMLOCK: Warst du im Felde, Simon?

SIMON: Nein.

MAMLOCK *überlegt:* Wie oft hast du schon zur Transfusion gespendet?

SIMON: Fünfzehnmal, Herr Professor.

MAMLOCK *zu Hellpach:* Er hat auf s e i n e Weise sein Blut hergegeben für gefährdete Volksgenossen, und diese Volksgenossen haben es gerne genommen, da keine anderen waren, die es gaben oder geben konnten. Sie als Arzt werden beurteilen, was das bedeutet. Und alles das tat' er freiwillig, ohne einen Pfennig dafür anzunehmen; begreifen Sie das?

Dr. HELLPACH: Diese Dinge werden nicht intellektuell entschieden.

MAMLOCK *aufbrausend:* Reden Sie doch nicht wie eine Grammophonplatte, reden Sie endlich wie ein Mensch!

Dr. HELLPACH: Ich verbitte mir diesen Ton!

MAMLOCK *sich bändigend:* Verzeihung, Herr Kommissar! – Aber ich kann den Simon aus technischen und ärztlichen Gründen nicht entbehren.

Dr. HELLPACH: Es sind noch ganz andere Leute zu entbehren, Herr Mamlock.

SIMON: Herr Professor, ich werde freiwillig gehen.

MAMLOCK: Was, du willst mich im Stich lassen, Simon, hier in meinem Kampf?

SIMON *erschrocken:* Ich, Sie im Stich lassen?

MAMLOCK: Wenn du einfach gehst?

Dr. HELLPACH *dienstlich:* Krankenwärter Simon, ich fordere Sie hiermit auf, unverzüglich ...

MAMLOCK *dazwischen:* Aber das ist doch völlig sinnlos! Was hat der Simon dem deutschen Volk denn getan, was hat das deutsche Volk von ihm zu befürchten? Er ist meine beste Kraft, der zuverlässigste Mensch, es wäre eine Infamie, ihn jetzt aufs Pflaster zu setzen.

SEIDEL *leise:* Aber, Hans, das ist doch nicht zu ändern, es ist doch viel erreicht, daß du weiterarbeiten kannst ...

Dr. HIRSCH *ebenso:* ... daß Sie den Kranken und der Klinik erhalten bleiben ...

Dr. CARLSEN *ebenso:* Herr Professor, Sie sind heute noch mit den Nerven herunter, ich werde Sie vertreten ...

MAMLOCK: Unsinn! Ich bin völlig bei mir, ich bin sehr klar, ganz ruhig. Ich bin in vielem sogar einig mit der neuen Regierung, von manchen Punkten direkt begeistert: Sie fordert Sauberkeit, Gesinnung, Mut, Kameradschaft ... ausgezeichnet! Aber, meine Herren, ist das Mut, wenn man wehrlose Leute, verdienstvolle Leute mit Übermacht von ihrer Arbeit und ihrem Brot wegstößt? Ist das Kameradschaft, ist das Sauberkeit, wenn Tausende Schmarotzer und Denunzianten bereitstehen, um sich in die freien Stellen zu schmuggeln ...

Dr. HIRSCH *bei ihm:* Um Gottes willen, Herr Professor!

Dr. HELLPACH *eisig:* Bitte weiter!

Dr. CARLSEN: Herr Professor, ich glaube, wir müssen zur Operation.

MAMLOCK *studiert nochmals die Liste, während alle angespannt beobachten:* Vier Krankenwärter und ein Arzt ... *Überlegt kurz.* Sie haben sogar einen Namen vergessen, Herr Kommissar, ich darf ihn wohl hinzufügen ... *Schreibt mit seinem Füllfederhalter.* Bitte! *Gibt Hellpach die Liste.*

Dr. HELLPACH *liest, heftig:* Das ist ... das ist eine Provokation der Regierung!!

Dr. HIRSCH *erschrocken:* Was ist?

SEIDEL *hinzu:* Um was handelt es sich?

Dr. CARLSEN *ebenso:* Meine Herren, ich glaube, unsere Nerven ...

Dr. HELLPACH *gibt ihm die Liste:* „Nerven?" Bitte!

Dr. CARLSEN *liest:* „... Nummer fünf Krankenwärter Simon, Nummer sechs ... Doktor Hans Mamlock, Leiter der chirurgischen Abteilung."

SEIDEL: Du hast dich selbst auf die Liste gesetzt?

Dr. HIRSCH: Sie lehnen das Anerbieten der Regierung ab?

Dr. HELLPACH: Herr Mamlock findet es für richtig, die Mitarbeit, die die Regierung des nationalen Aufbaues von ihm erwartet, demonstrativ zurückzuweisen. Herr Mamlock sabotiert hiermit klar die Verordnung der Regierung ...

MAMLOCK: W e r sabotiert? Wer? Ich fordere nicht mehr und nicht weniger als das uns in der Verfassung feierlich verbürgte Recht, daß alle deutschen Bürger ohne Unterschied der Rasse und des Standes vor dem Gesetz gleich sind; ich habe noch nicht gelesen, daß diese Verfassung gebrochen, daß dieses Grundrecht des deutschen Bürgers und Menschen aufgehoben wurde...

Dr. Inge: Das Recht des einzelnen wiegt heute federleicht vor dem Recht der Nation...

Mamlock: Die aus einzelnen besteht...

Dr. Inge: Aus Führer und Gefolgschaft...

Mamlock: Mit Millionen Köpfen...

Dr. Inge: Mit einem Herzen, das seine Befehle vernimmt...

Mamlock: Das nie zweifelt?

Dr. Inge: Es gibt keine Zweifel mehr: Die Zeit der Demokratie ist aus!

Mamlock: Die Zeit wird nie aussein, da ein Mensch seine Gedanken, seine Zweifel, seinen eigenen Glauben hat. Es gibt keinen Bau, der aus einem einzigen Stein besteht; es gibt keinen Staat, der nicht aus Menschen, Köpfen, Herzen besteht! So wie die verbindenden Bogen und Querbalken in einem großen Bau, so sind die Ideen der Gerechtigkeit, der Humanität, der geistigen Freiheit und des geistigen Mutes die Gerüstteile, die uns verbinden! Fehlt dies innere Gerüst, so fehlen auch die Fenster und Türen, so müssen auch die Eingemauerten wie in einer Gruft ersticken oder sich an Kerker, Kasematten und Festungen gewöhnen.

Dr. Inge: Vielleicht müssen sie das heute.

Mamlock *vor ihr:* Nie müssen Sie das, nie, hören Sie!! Verstehen Sie mich!! Nie!! Wie können Sie als junger Mensch so reden?! Unfaßbar!! Kasematten, Festungen, also Mauern, Mauern, Mauern, Gitter, Stacheldraht, Schießschartenlicht, Moder- und Zwielicht, wer muß das, wer will das, fragen Sie doch bloß alle, die hier um uns stehen, sehen Sie sich doch bloß um, diese Menschen, jeder ein Individuum, das seine Gedanken, seine Meinung, seine Zweifel, seine Sprache, seine Möglichkeit zu reden und zu schreiben braucht, so wie der Vogel die Luft und der Fisch das Wasser... *Packt Seidel.* Sag selbst, könntest du existieren ohne deine Meinung, dein Wort, deine Äußerungen, deine Artikel, deine Zeitung?

SEIDEL: Ausgeschlossen! Aber wozu quälst du dich damit?

DR. CARLSEN: Sie sollten sich wirklich nicht mit Gespenstern herumschlagen.

DR. HIRSCH: Wo die Regierung gerade jetzt in großzügiger Weise ...

DR. HELLPACH *ihn anfahrend:* Die Regierung der nationalen Erhebung verbittet sich Ihr Lob, Herr Hirsch! Die nationale Regierung verzichtet auf Geschwätz und Beifall, sie fordert Gehorsam! – Herr Mamlock, ich frage noch einmal: Weigern Sie sich weiter, die Kriegsteilnehmerklausel anzuerkennen?

MAMLOCK: Ich weigere mich anzuerkennen? Herr Kommissar, Sie wissen genau, diese Klausel ist eine Kann-Vorschrift, keine Muß-Vorschrift. Kein Wort dieser Klausel befiehlt mir, daß ich dies Geschenk der Regierung annehmen muß. *Mit ganzem Ernst.* Herr Kommissar! Die Regierung kann riesige Volksmassen in Bewegung setzen, formieren und kommandieren, sie kann keine Überzeugung kommandieren! Sie kann nicht hinter die Uniformen sehen! Die Regierung erhielt von der Volksmehrheit ihr Mandat: Sie kann Gehorsam fordern, aber keine Gesinnungslumperei! Gewissenszwang aber, Herr Kommissar, erzeugt Knechtseelen, Feiglinge, Denunzianten und Gesinnungslumpen!

DR. HELLPACH *schnell:* „Gesinnungslumpen" sagen Sie?

MAMLOCK: Jawohl.

DR. HELLPACH *zupackend:* Also, der notwendige Zwang, den die Regierung ausübt, die geistige Disziplin, die sie von uns fordert, erzeuge Feiglinge, Denunzianten und Gesinnungslumpen ...

MAMLOCK *entrüstet:* Ich verbitte mir solche Auslegungen!!

DR. HELLPACH: Sie haben sich gar nichts zu verbitten!! Hier sind nur noch Feststellungen am Platz!

SEIDEL *schnell:* Aber das ist doch unmöglich ...

SCHWESTER: Schließlich hat doch Herr Professor ...

DR. CARLSEN: Herr Kollege, Sie können doch nicht wegen eines Wortes ...

DR. HELLPACH: Sie identifizieren sich mit Herrn Mamlock, sehr interessant. Meine Herren, ich gestatte mir, noch einmal zu fragen: Hat Herr Mamlock im Zusammenhang mit der Verfügung der Regierung von Feiglingen und Gesinnungslumpen gesprochen? Ja oder nein?

Dr. CARLSEN: Offen gesagt, ich habe das nicht so aufgefaßt ...

Dr. HIRSCH: Ich habe es leider nicht genau verstanden; seit dem Kriege und der vielen Schießerei hat mein Gehör gelitten ...

SEIDEL: Schließlich fallen in der Erregung manchmal Worte, die man nicht auf die Goldwaage legt ...

Dr. HELLPACH *zielend:* Ich weiß nicht, ob Herr Mamlock seine Worte verschieden gewogen haben will oder ob er zu seinen Worten steht?

MAMLOCK: Immer.

Dr. HELLPACH: Glaubt Herr Mamlock noch immer, daß die Regierung mit dem Arierparagraphen einen „Gewissenszwang" ausübt?

MAMLOCK: Ja.

Dr. HELLPACH: Hat Herr Mamlock weiter behauptet, daß Gewissenszwang Feiglinge und Denunzianten erzeuge, oder kann er sich dessen vielleicht – „nicht mehr entsinnen"?

MAMLOCK *der nicht mehr zurück will:* Ich entsinne mich genau.

Dr. HELLPACH: Meine Herren, Sie haben deutlich Herrn Mamlocks Aussagen gehört, zu denen er sich bekennt. *Nach rechts.* Posten!

Dr. CARLSEN: Sie können doch nicht!

Dr. HELLPACH *scharf:* Bitte?

Dr. INGE *dazwischen:* Was wollen Sie?

SA-Mann von rechts, umgeschnallt, mit Karabiner, knallt die Hacken zusammen.

Dr. HELLPACH *zu SA-Mann:* Feder, Papier, dann meinen Wagen!

SA-MANN: „Feder, Papier, dann Wagen!" *Ab.*

Dr. HELLPACH: Und solch ein Mensch soll Vorsteher eines öffentlichen Krankenhauses sein; mitten im Herzen eines Gemeinwesens soll ein solcher Mensch als Fremdkörper des Volksganzen wirken?

MAMLOCK: Genug! Muß ich das ...

Dr. HELLPACH: Jetzt rede ich, Herr Mamlock!

SA-Mann bringt Feder und Papier, Dr. Hellpach schiebt einen kleinen Glasplattentisch heran, setzt sich, beginnt zu schreiben.

Dr. Hellpach *während er schreibt:* Als Beauftragter der Regierung habe ich die Pflicht, diesen letzten sehr typischen Vorgang in den Kernpunkten hier aufzuzeichnen.

Seidel: Darf ich im Interesse der Berichterstattung fragen ...

Dr. Hellpach: Die Presse erhält den Bericht amtlich zugestellt. Vorerst, meine Herren, ersuche ich um Ihre Unterschrift unter dieses Protokoll! Bitte! *Reicht Carlsen den Federhalter.*

Dr. Carlsen *will zögernd unterschreiben, liest:* „... Wir stellen demnach fest, daß Herr Professor Mamlock durch aufreizende Reden gegen die Verordnung der Regierung die Ruhe und Sicherheit des Krankenhausbetriebes unmittelbar gefährdet hat. Seine provokatorische Haltung mußte auf Kranke und Personal zersetzend wirken. Wir lehnen es daher ab, weiter unter Professor Mamlock zu arbeiten." – Das sollen wir unterschreiben?

Dr. Hellpach *eisig:* Sie „sollen" gar nichts, meine Herren; Sie können Ihre Unterschrift auch verweigern und sich mit Herrn Mamlock solidarisieren.

Dr. Carlsen *gedrückt:* Ich bitte, wenigstens den letzten Satz zu streichen.

Dr. Hellpach: Gerade dieser letzte Satz ist wesentlich, gerade dieser! Er enthält die klare Stellungnahme, das Bekenntnis der gesunden und aufbauwilligen Kräfte unseres Volkes gegenüber den fremden staatsfeindlichen Elementen. Sie haben sich also zu entscheiden: entweder für jene volksfeindliche zersetzend-ostische Mentalität, welche die Verordnungen der Regierung durch intellektuelle Winkelzüge zu sabotieren sucht, oder für neue, volkhafte Gesinnung der Reinheit, der Sauberkeit, der Wahrhaftigkeit und der Treue.

Seidel *erleichtert:* Diese letzten Worte kann jeder unterzeichnen.

Dr. Hirsch: Diese positiven Worte ...

Dr. Carlsen: Sie werden verstehen, Herr Professor ...

Mamlock schweigt.

SEIDEL: Im übrigen, Hans, die Entscheidung richtet sich ja nicht gegen dich persönlich . . .

Dr. HIRSCH: Natürlich unsere persönliche Wertschätzung . . .

Schweigt plötzlich.

Dr. CARLSEN *mit weichen Knien:* Schließlich hat die gewaltige Mehrheit unseres Volkes selbst die Entscheidung gefällt und ist e's doch gerade auch in Ihrem Sinne, Herr Professor, im Sinne einer demokratischen Volksgemeinschaft . . . *Unterschreibt hastig, will Seidel den Halter geben.*

SEIDEL *abwehrend:* Danke, ich gehöre nicht zur Klinik.

Dr. HELLPACH: Doch zu diesem Forum als Zeuge!

SEIDEL *hilflos:* Daß man am Volksganzen mitarbeiten will, das kann und muß jeder unterschreiben. *Geht zum Tisch.*

MAMLOCK: Lies, Werner, lies, was du unterschreibst!

SEIDEL *über dem Protokoll, hält inne:* Sei kein Dogmatiker, Hans, du kannst nicht mit dem Kopf durch die Wand, du kannst nicht an gegen solch überwältigende Mehrheit, begreifst du das nicht, Hans?

Mamlock sieht ihn an.

SEIDEL *mit Brustton:* Schließlich, man hat auch noch eine Verantwortung, die Verantwortung für seine Familie, für über hundert Arbeiter, für die Abonnenten, für die öffentliche Meinung . . .

MAMLOCK: Und die Verantwortung für die Wahrheit, Werner, für die Wahrheit, für die Gerechtigkeit, für die Wissenschaft?!

Dr. HIRSCH: Wenn Sie so weiterreden, Herr Professor . . .

MAMLOCK *glühend:* Wie? Ihr zittert, ihr wollt nicht kämpfen, ihr meint, man kann mit weichen Knien durch die Reihen der Gegner schleichen, man kann den Kampf vermeiden? Ihr täuscht euch! *Mit ganzer Kraft.* Wenn ihr dieses Protokoll unterschreibt, so unterschreibt ihr euer eigenes Urteil! Aus eurer Feigheit wird der Gegner sich neue Waffen schmieden. Denn kein größeres Verbrechen gibt es, als nicht kämpfen wollen, wo man kämpfen muß!! Menschenskinder, ich beschwöre euch, werft euch nicht kampflos weg!!

SEIDEL *in Angst:* Hans, du gibst deinen Gegnern ja nur recht.

Dr. Hellpach: Merken Sie das erst jetzt?

Dr. Hirsch *gegen Mamlock:* Tatsächlich, die Regierung kann sich unmöglich in dieser Weise provozieren lassen.

Dr. Carlsen: Wir haben alle unser möglichstes getan.

Dr. Hirsch: Nicht nur sich selbst, uns alle bringen Sie durch solche bolschewistischen Reden in die furchtbarste Gefahr!

Mamlock *ausbrechend:* Gefahr, Gefahr ... Ihr Feiglinge, gefressen werdet ihr noch alle wegen eurer Feigheit, mit Recht gefressen! Weg mit euch! Schreibt doch, ihr Feiglinge, schreibt, schreibt euer Urteil!

Seidel *förmlich:* Hans, hältst du diese Unverschämtheit aufrecht?

Mamlock *sieht ihn an:* Verzeih, ich habe mich geirrt ... unterschreibt, unterschreibt!

Seidel *in „gerechtem" Zorn:* Du zwingst uns ja dazu! *Unterschreibt.*

Dr. Hirsch *ebenso:* Sie wollten es nicht anders. *Unterschreibt, schnell links ab.*

Schwester: Können wir denn anders? *Weint und unterschreibt, schnell links ab.*

Alle jetzt um das Tischchen in der Mitte, außer Mamlock, der rechts steht, und Dr. Inge, ganz vorn links.

Dr. Hellpach *zu Inge:* Bitte, Kollegin!

Dr. Inge *bleibt:* Danke.

Dr. Hellpach: Sie haben noch nicht unterschrieben.

Dr. Inge: Ich unterschreibe nicht.

Dr. Hellpach: Sie unterschreiben nicht!?

Dr. Inge: Nein!

Dr. Hellpach *auffahrend:* Sind Sie noch Pg? Gehören Sie noch zur Bewegung?

Dr. Inge *fest:* Wenn Ihr Verhalten das Verhalten der Partei ist, nein!

Dr. Hellpach: Angesteckt *gegen Mamlock,* von dem?

Dr. Inge *scheinbar ruhig:* Aufgeklärt von Ihnen, Herr Kommissar! – Ja, Herr Kommissar, auch mir war die Partei alles, diese riesenhafte Bewegung mit ihren Ideen, ihren Kämpfen, ihren Zielen, alles! – Sauberkeit, Mut, Wahrhaftigkeit, Kameradschaft ... jawohl, ausmisten wollten wir, hinauswerfen die Feiglinge, die Profitjäger, die

„Radfahrer", ein neues, wahrhaftiges Geschlecht sollte im Aufbruch sein ...

Dr. HELLPACH: Es i s t im Aufbruch!

Dr. INGE: ... Wir wollten dem „jüdischen Händlergeist", den Duckmäusern, Schiebern, den feigen Nutznießern neue Gestalten entgegenstellen, die Gestalt des Kriegers, des Kämpfers, des ritterlichen Menschen, des Soldaten ...

Dr. HELLPACH *stramm:* Daran wird es nicht fehlen!

Dr. INGE: Es wird daran nicht fehlen, richtig, Herr Kommissar; aber auf welcher Seite sind hier die Kämpfer und auf welcher die Kriecher? Wo steht hier der letzte Ritter, d e r S o l d a t s e i n e r Ü b e r z e u g u n g, und wo stehen die anderen? – Machen Sie doch die Augen auf, Herr Kommissar!

Dr. HELLPACH *vor ihr:* Ich verbitte mir jede Belehrung!!

Dr. INGE *Auge in Auge:* Brüllen Sie mich nur an, Herr Kommissar; ein Feldwebel hat noch nie eine Schlacht gewonnen, und ein Henker ist noch lange kein Soldat!

Dr. HELLPACH: Verfügen Sie sich auf Ihr Zimmer! – Posten! – *SA-Mann, Hacken zusammen.* Abführen!

Dr. Inge und Posten ab. Die anderen, außer Mamlock, stehen wie vor den Kopf geschlagen da. Mamlock folgt mit eiserner Gespanntheit den Vorgängen. Hellpach hat das Protokoll genommen, überprüft schnell die Unterschriften, Unruhe und Rufe. Schwester Hedwig von links.

SCHWESTER: Die Kranken werden unruhig. Wird noch operiert?

MAMLOCK *impulsiv:* Meine Herren! Salus aegroti suprema lex[53]! Unsere Kranken rangieren immer noch an erster Stelle, und wir sind Ärzte. Vorwärts, meine Herren! *Will nach links ab.*

Dr. HELLPACH *vertritt ihm den Weg:* Sie irren! – Herr Kollege Carlsen, Sie übernehmen die Abteilung, Herr Hirsch assistiert, ich werde die weiteren Herren bestimmen. Ist alles klar?

Dr. CARLSEN: Jawohl.

Dr. HIRSCH: Gewiß.

SEIDEL: Ich bin jetzt wohl entbehrlich? *Er muß an Mamlock vorbei.* Tut mir leid, Hans, du verstehst, aufrichtig leid ... *Rechts ab.*

SA-Mann ist zurückgekehrt, faßt wieder Posten, die Ärzte gehen nach links, Mamlock ihnen nach.

MAMLOCK *heftig:* Meine Arbeit will ich, meine Arbeit, weiter nichts! Meine Arbeit und meine Kranken!

Dr. HELLPACH: Sie haben hier nur noch eine Arbeit zu verrichten.

MAMLOCK *verzweifelt:* Es fehlen zwei Assistenten, meine Herren, assistieren lassen Sie mich, lassen Sie mich wenigstens assistieren! *Er will nach links in den Operationssaal, SA-Mann springt zu und versperrt mit Hellpach den Weg, die anderen Ärzte schnell nach links ab, Hellpach zieht das Protokoll hervor.*

Dr. HELLPACH: Sie haben hier, wie ich schon sagte, nur noch eine Arbeit zu verrichten, Herr Mamlock. *Legt das Protokoll auf das Tischchen.* Ihre Unterschrift.

MAMLOCK: Unter dieses Produkt?

Dr. HELLPACH: Unter dieses Protokoll! Sie sehen, alle anderen Herren haben bereits unterschrieben. Wenn Sie wollen, setzen Sie noch hinzu, daß Sie den Vorfall und Ihre Worte bedauern. Das wäre nicht schlecht für Sie und Ihre Familie.

MAMLOCK: Was wollen Sie mit mir?

Dr. HELLPACH: Ich gebe Ihnen zehn Minuten Bedenkzeit.

Hellpach nach links ab, SA-Posten bleibt vor dem Zugang zum Operationssaal. Mamlock steht an dem Tischchen, er nimmt das Protokoll, liest es von allen Seiten, vor allem die Unterschriften, legt es wieder auf den Tisch, glättet es.

MAMLOCK *still für sich:* Ein Irrtum, ein einziger Irrtum ... Pappwände, keine Menschen. Und wie sie umfallen – *knipst den Federhalter weg* – widerstandslos, kampflos ... *Der Posten ist hinzugesprungen, hat den Halter aufgehoben.* Danke! Sehr freundlich, danke ... alles so freundlich und so infam, so voll Heldenbrust und so voll Feigheit ... widerstandslos, kampflos. *Nimmt das Protokoll, liest.* Doktor Carlsen, Doktor Seidel, Doktor Hirsch, Schwester Hedwig ... ein Irrtum, ein einziger Irrtum, den man nicht noch bestärken und unterschreiben kann, den man durchstreichen muß – *heftig* –, durchstreichen – *zerreißt das Protokoll in Fetzen* –, durchstreichen, durchstreichen ...

SA-Posten ist hinzugesprungen, Mamlock wirft ihm die Papierschnitzel ins Gesicht, hat schnell seinen Revolver aus der Hosentasche herausgerissen, drückt ihn gegen seine Brust.

MAMLOCK: ... radikal durchstreichen!! *Dumpfer Schuß. Er stürzt zusammen, SA-Posten hinzu, Hellpach, Ärzte, Schwester von links.*
DR. HELLPACH: Wer schoß??
SA-MANN: Er selbst.
DR. CARLSEN *hinzu:* Eine Trage ...
DR. HIRSCH *ebenso:* Brustschuß.
SCHWESTER: Herr Professor, Herr Professor!

Simon und Dr. Inge von rechts.

DR. INGE: Professor Mamlock?
SIMON *stürzt hinzu:* Von wem?

Dr. Hirsch hebt Mamlocks Faust, die noch den Revolver hält.

SIMON *auf Ärzte:* Ihr! Ihr!
DR. HELLPACH *mit Waffe:* Ruhe, kein Wort! – Wo ist das Protokoll?

SA-Mann sammelt die Fetzen, gibt sie ihm. – Man hat Mamlock auf eine der fahrbaren Tragen gelegt.

DR. CARLSEN: Los, Schwester, Tampon, Watte, Schere!
MAMLOCK *leise:* Nicht nötig, Kinder, nicht nötig ...
DR. HIRSCH: Still, Herr Professor, still!
DR. INGE *nimmt seinen Kopf:* Herr Professor, Herr Professor, aber Sie wollten doch noch ...
MAMLOCK *sich aufrichtend, mühsam, besinnt sich:* Richtig, Kind, richtig ... kämpfen ... aber mit wem, aber für wen – *erregter* – sich fangen lassen, mit abgeschnittenen Hosen, mit dem Schild um den Hals, durch die Straßen geführt von diesen Helden ... und dennoch kämpfen. Sie haben recht ... wie man das nur vergessen kann ... schade! Man denkt zuletzt doch immer nur an sich ...
DR. CARLSEN *der Mamlock den Arztmantel heruntergestreift und das Hemd aufgeschnitten hat:* Nicht reden, Herr Professor, Sie bluten zu stark!

DR. INGE *verzweifelt über Mamlock:* Aber, Herr Professor, war das denn der einzige Weg?

MAMLOCK: Für mich der einzige ... vielleicht ... *Sieht sie an.* Sie ... Sie müssen einen anderen gehen, einen neuen Weg. *Dringlich, leise, aber mit ganzer Kraft.* Hören Sie, gehen Sie ihn, wagen Sie ihn ... *plötzlich* – und grüßen Sie ihn, grüßen Sie meinen Jungen ... hören Sie, grüßen Sie Rolf, wenn Sie ihn sehen ... auf dem anderen Weg, auf dem a n d e r e n Weg ... *Sinkt zurück.*

DR. HIRSCH *mit Tampons:* Wir müssen öffnen, er verblutet!

Stimme von links: „Was wird denn mit der Narkose?"

DR. CARLSEN *nach links:* Was ist, Schwester?

SCHWESTER: Ob wir die Narkose abbrechen sollen?

SIMON *der Mamlock den Puls gehalten hat, plötzlich:* Professor? *Leiser.* Herr Professor ...

DR. HIRSCH: Er atmet nicht mehr ...

DR. HELLPACH *wichtig:* Wir müssen sofort ein neues Protokoll aufnehmen mit Ergänzung!

SIMON: Nicht nötig, Herr Kommissar, nicht nötig; denn was in diesen Tagen und Wochen geschehen ist, das werden wir nicht vergessen, bestimmt nicht vergessen, n i e m a l s v e r g e s s e n !

EIN „MAMLOCK"? – ZWÖLF MILLIONEN MAMLOCKS!

Am 28. 2. 1933 früh 6.30 Uhr – es war noch dunkel – rief mich ein befreundeter Arzt sehr erregt an: „Wissen Sie, Herr Kollege Wolf, das hätte ich Ihnen nun doch nicht zugetraut!" – „Was ist denn los, Kollege?" – „Was, Sie wissen nicht? Die Kommunisten haben diese Nacht den Reichstag angezündet, den deutschen Reichstag, Ihre Partei, bitte, ich habe dem nichts mehr hinzuzufügen! Vergessen Sie meine Adresse!" Bevor ich ein Wort erwidern konnte, hatte er den Hörer aufgelegt. Und nun blieb das Telefon nicht mehr stehen. Ärzte, Juristen, Buchhändler, Verleger, viele meiner Patienten, die mir in der Sprechstunde nicht oft genug ihre Dankbarkeit „fürs ganze Leben" versichern konnten – jede Minute rief ein anderer meiner Bekannten an und drückte mir seine Entrüstung über diesen „kommunistischen Terrorakt" aus. Zuletzt sprach ich mit einer Schauspielerin, die viele meiner Rollen gespielt hatte und künstlerisch mit mir durch dick und dünn gegangen war. Ich sagte dieser intelligenten Frau: „Aber Menschenskind, das ist doch die lange erwartete Wahlbombe der Nazis, die wir seit Wochen in all unseren Versammlungen ankündigten! Glaubst du wirklich diesen Unsinn, daß Kommunisten ausgerechnet den Reichstag anzünden?" – „Ich glaube nicht", sagte sie scharf, „sondern es ist so, laut dem amtlichen Pressedienst!" Sie hatte den Hörer aufgelegt.

Zweifellos: der Reichstagsbrand, der sofort einsetzende Terror und der faschistische amtliche Pressedienst verschafften Hitler im März 1933 jene 2 bis 3 Millionen Stimmenzuwachs, die er auf keine andere Weise erlangen konnte. Aber nicht bloß der Reichstagsbrand und der staatliche Nazipressedienst verhalfen ihm zu diesem Erfolg, sondern auch die Psychologie der Millionenmasse der deutschen Zwischenschichten: der Kleinbürger, der Kleinbauern, Beamten, Angestellten und der Gruppe der Intelligenz. Wir sind uns darüber klar, daß der Klassencharakter des Faschismus keine „Rebellion des Kleinbürgertums“ war. Auch der deutsche Faschismus bildete – gerade im „3. Reich“ – k e i n e n „Systemwechsel“; er bildete nach der verkappten Hindenburgdemokratie die „o f f e n e terroristische Diktatur der am meisten reaktionären und imperialistischen Elemente des Finanzkapitals“. Das haben auch die deutschen SA-Proleten seit dem 30. Juni 1934 sehr deutlich zu fühlen bekommen.

Die eine Frage bekamen wir in den ersten Monaten der Emigration im Jahre 1933 immer wieder zu hören: „Wie war es möglich, daß im Lande Schillers und Goethes, im Lande eines Kant, Hegel, Karl Marx und Friedrich Engels, daß in diesem hochkultivierten Land der ‚Dichter und Denker‘ so ein einziger plumper Wahlschwindel wie dieser Reichstagsbrand zusammen mit einem Trommelfeuer der Propaganda und mit dem braunen Terror die Psychologie von Millionen intelligenter Leute, die vorher keine Faschisten waren, nun zu Anhängern oder mindestens zu Wählern der Nazis umstimmen konnte?“

Das Stück „Professor Mamlock“ und die kämpferische Haltung dieses mutigen jüdischen Arztes, dieses deutschen Humanisten und Patrioten, sollte nicht nur eine Antwort auf diese Frage geben, sondern auch mit dazu helfen, die braune Schande vom Angesicht unseres Volkes wieder abzuwaschen. Mamlock hat sich anfangs als typischer Deutscher den idealistischen Selbsttäuschungen hingegeben, die bedingt waren durch seine Erziehung und durch die allseitige konventionelle Einstellung der „reinen“ Wissenschaft. Aber er müßte außerdem nicht der Arzt sein, dem das Schicksal des kranken Menschen über alles geht; er müßte nicht der tapfere Soldat seiner Überzeugung sein, dem sein Eisernes Kreuz 1. Klasse, das er vor Verdun erwarb, nicht die Hauptsache ist, sondern dem vielmehr das Schicksal des jüdischen Krankenwärters Simon höher steht als seine Auszeichnung und seine persönliche Sicherheit. Er müßte nicht der Mensch sein mit einem heißen Gerechtigkeitsgefühl, der am Schluß des Schauspiels, den Rücken gegen die Wand, den offenen Kampf aufnimmt gegen die ganze Nazimeute und das Heer der Feiglinge vor ihm. Wie ein Warnruf weit in die Zeit hinein klingen die Worte, die er kurz vor seinem Tode den „Niedabeigewesenen" entgegenschleudert:

> „Aus eurer Feigheit wird der Gegner sich neue Waffen schmieden. Denn kein größeres Verbrechen gibt es als nicht kämpfen wollen, wo man kämpfen muß!"

Kämpferische Humanität gegen die Hitlerbarbarei, den Nationaldünkel und Rassenwahn, das ist die Haltung des Professor Mamlock.

Und hier sind wir mitten im „Mamlock" und bei einer Hauptursache, weshalb ich dieses Stück schrieb. Denn dieser Mamlock ist nicht irgendeiner, er ist einer von Millionen Mamlocks, er ist ein Typus der Millionen deutscher bürgerlicher „Demokraten" um 1932/1933, die gestern Hindenburg wählten als „Garanten der Freiheit", die dann Hitler als „Wall gegen den Bolschewismus" auf den Schild erhoben. Das ist der Mamlock vor seiner Wandlung, die sich im Verlauf des Stückes vollzieht. Er ist da ein Typus jener westlichen „Demokratie", jener riesigen Fassade auf tönernen Füßen, die heute in ihrer anglo-amerikanischen Fratze – völlig unterhöhlt – nur noch Fassade ist. Er ist ein Typus des deutschen Intelligenzlers, für den „der Staat" etwas Absolutes, Unwandelbares, Heiliges ist. Aber nicht bloß der „Staat", auch „die Familie", die „Wissenschaft", „die Gerechtigkeit" sind für ihn unwandelbare, ewige Werte, sind abstrakte Kategorien im Sinne Kants.
So war es in Mamlocks Hirn und Leben bisher. So ist es für ihn, den Hindenburgwähler, auch noch im 1. Akt des Stückes. Aber im 2. Akt bricht schon die Politik durch die Mauern der „Familie". Die „Wissenschaft" beginnt zu wanken. Dieser „Staat" läßt seine Staatsbürger im Stich. Im 3. Akt wird schließlich die „Gerechtigkeit" geschändet: Mamlock – der verdienstvolle Professor, der tapfere Soldat, ausgezeichnet mit dem Eisernen Kreuz, verwundet für sein Vaterland – wird als Jude aus seiner Klinik gejagt. Doch als alter Feldsoldat wird er durch eine staatliche Verfügung wieder als Leiter der Klinik in sein Recht gesetzt; nur soll er jetzt seine jüdischen Mitarbeiter entlassen. Man will ihn vor sich selbst degradieren, seine Selbstachtung in ihm vernichten. Er weigert sich; und jetzt zermalmt ihn unerbittlich

der faschistische Staatsapparat. Er, Mamlock – der deutsche Jude –, findet keinen Ausweg mehr als den Revolverschuß in die eigene Brust. Doch sein Kopf ist inmitten des geistigen Chaos klar geworden. Er ist ein anderer geworden. Er erkennt, daß sein Weg der falsche Weg war. Sein Sohn Rolf, den er beim Reichstagsbrand als Mitglied der Roten Studentengruppe aus seiner Wohnung wies – sein Sohn wird den richtigen Weg gehen. Diese Wandlung Mamlocks – eine Entwicklung, die nicht die Schlechtesten unserer Landsleute in den letzten Jahren an sich erlebt haben – ist der eigentliche Inhalt des Stückes.

In den Apriltagen 1933, in denen das Stück spielt, konnte die illegale Arbeit der KPD mit realistischer Wahrhaftigkeit nur in ihren ersten Anfängen gezeigt werden. Dennoch hat die Darstellung des illegalen Parteiarbeiters Ernst und auch des Rolf bei der Schweizer Premiere im Schauspielhaus Zürich bereits 1934 derart gewirkt, daß die Schweizer Faschisten nicht weniger als elfmal die Vorstellung des „Mamlock" zu stören versuchten. Zum Schutze des Stückes fanden jedoch auch große gemeinsame Demonstrationen der kommunistischen und sozialistischen Jugend statt. Die Baseler „Nationalzeitung" vom 27. November 1934 berichtet, daß die Polizei mit Panzerautos anrückte, daß es aber schließlich der Einheitsfront der kommunistischen und sozialistischen Jugend gelang, das Stück zu verteidigen und einen in Zürich für solch ein Zeitstück bisher unbekannten Rekord von 62 Aufführungen durchzusetzen.
Ich bin mir klar, daß der „Mamlock" nur einen bestimmten historischen Ausschnitt aus Deutschland Anno 1932/33 zeigt; das Deutschland von 1934 bis 1945 muß in einem andern, neuen Stück gestaltet werden.

Friedrich Wolf

NACHWORT

Im Jahre 1928 veröffentlichte der Arbeiter-Theater-Bund Deutschlands eine Schrift, in der u. a. zu lesen war: „‚Der Kampf um das Theater‘ ist nur eine Teilerscheinung des großen Zeitkampfes, in dem wir mitten darin stehen ..., des Kampfes einer sinkenden Weltordnung gegen eine neue, kommende ... Auch der wirkliche Dramatiker kann heute nicht mehr im luftleeren Raum arbeiten oder in der Museumskammer der Vergangenheit, ... die Bühne wird zum Zeitgericht und Zeitgewissen!“ Der Aufsatz trug den Titel: *Kunst ist Waffe!*; sein Verfasser hieß Friedrich Wolf.

Die Friedrich Wolf kannten, wußten, daß diese Schrift nicht nur kulturpolitisches Programm war, sondern persönlichstes Bekenntnis. Sie wußten zugleich um den unmittelbaren Zusammenhang zwischen ihr und dem anderen entscheidenden Schritt Friedrich Wolfs im Jahre 1928: seinem Eintritt in die Kommunistische Partei Deutschlands. Sie wußten schließlich, daß der Vierzigjährige mit all dem politisch wie künstlerisch eine Konsequenz zog, die sich zwangsläufig aus seiner Entwicklung ergab.

Wolf entstammte einer Familie in Neuwied am Rhein, die noch an liberalen Traditionen des deutschen Bürgertums festhielt und in der man dem reaktionären imperialistischen Kurs Wilhelm II. zumindest distanziert gegenüberstand. Kein Wunder also, daß sich schon Wolfs Bildungsgang in manchem von dem anderer Bürgersöhne Anfang des 20. Jahrhunderts abhob: die Absolvierung des Gymnasiums und der einjährigen Militärdienstzeit verlief nicht reibungslos: Wolf sammelte zwischendurch erst einmal praktische Lebenserfahrung als Schiffsjunge, Kohlentrimmer und Wanderbursche. Dieser Wunsch bestimmte auch seinen Berufsentscheid: Obgleich er in Italien einen Blick für große Kunst bekommen und sich längere Zeit in einem der literarischen Mittelpunkte des damaligen Deutschland, in München, aufgehalten hatte, wandte er sich einem praktischen Beruf zu, ohne freilich deshalb der Liebe zur Kunst zu entsagen. Er studierte Medizin, promovierte 1912 zum Dr. med. und ging als Schiffsarzt zum Norddeutschen Lloyd.

Der erste Weltkrieg sah den jungen Truppenarzt bald an der Seite derer, die gegen das imperialistische Morden auftraten. Anfang 1918 verweigerte er den Kriegsdienst und wurde noch vor dem November illegaler Soldatenrat; nach der Revolution wählte man ihn in den Zentralrat der Sächsischen Arbeiter- und Soldatenräte. Im Januar 1919 demonstrierte er in Dresden gemeinsam mit den Arbeitern gegen die Ermordung Karl Liebknechts und Rosa Luxemburgs.

Am Abend des Demonstrationstages wurde zum erstenmal ein Drama Friedrich Wolfs uraufgeführt, das 1918 geschriebene Stück *Das bist du.* Wolf schildert hier den Ehebruch einer Gärtnersfrau und die Rache ihres Gatten noch ganz im Stil der expressionistischen „Theaterrevolte". Zwar schließt das Stück mit der Forderung: „Die Welt muß umgeboren werden, von oben nach unten, von unten nach oben, daß sie neu werden kann! Nichts ist unmöglich!" Aber dieser vage Appell an den „Menschen" bleibt abstrakt und muß sich deshalb auch in abstrakt-symbolische Formen hüllen. Wolf selbst beurteilt später seine expressionistische Periode, in der er noch vier weitere Stücke schrieb: „Die Welt muß ‚umgeboren' werden, gewiß! Aber das Wie, der taktische und konkrete Weg war uns im Grunde ... unklar ... Uns fehlte jedes marxistische Fundament; uns allen fehlte damals die leninistische Partei, die führte. Wir dichteten nach dem Gefühl; ... wir arbeiteten ‚spontan'."

Die folgenden Jahre trugen viel dazu bei, Wolfs politische und künstlerische Position zu klären. Als Stadtarzt in Remscheid (1920) nahm er an der Niederschlagung des konterrevolutionären Kapp-Putsches teil. Von der Reaktion entlassen, versuchte er danach, mit erwerbslosen und kriegsbeschädigten Heimkehrern eine sozialistische Siedlungszelle in Worpsweder Moor bei Bremen zu gründen (1921). Grub er nicht selbst mit im Moor, so unterrichtete er auf dem Barkenhof des bekannten Malers Heinrich Vogeler die Kinder der Siedler oder betreute die Genossen als Arzt.

Indessen: Das auf „Selbsthilfe“ aufgebaute sozialistische Experiment mußte im Rahmen der kapitalistischen Weimarer Republik Utopie bleiben und, da die Regierung entgegen allen anfänglichen Versprechungen jede Unterstützung versagte, scheitern (Wolf gestaltete 1927 diese Vorgänge kritisch in seinem Drama *Kolonne Hund*).

Friedrich Wolf wurde 1922 Landarzt in Hechingen auf der Rauhen Alb. Das Jahr 1923 brachte mit dem von Ernst Thälmann geleiteten Hamburger Aufstand den letzten Höhepunkt der Kämpfe in der revolutionären Nachkriegskrise und leitete gleichzeitig über zur Periode der relativen Stabilisierung des deutschen Kapitalismus zwischen 1923 und 1928. Damit war – auch für Friedrich Wolf – die Zeit gekommen, Lehren aus den vergangenen Jahren zu ziehen. So, wie sich das Worpsweder Experiment als Utopie erwiesen hatte, enthüllte sich um diese Zeit auch der Versuch, die Not der Wirklichkeit mittels expressionistischer „Theaterrevolte“ zu überwinden, als Illusion. Die Hoffnung auf eine „innere Wandlung“ des Menschen erschien vielen Vertretern der „Ausdruckskunst“ gerade angesichts der einsetzenden Konsolidierung der bürgerlichen Verhältnisse überprüfungsbedürftig. Deshalb hatten auch die Dramatiker unter ihnen, so berichtet Wolf, „das Bedürfnis, ... zu sich und den Dingen Distanz zu gewinnen“.

Es ist aufschlußreich, wie Wolf diese „Distanz“ suchte. Angeregt durch alte Überlieferungen der Rauhen Alb schrieb er 1923 sein historisches Drama *Der arme Konrad*. Die Gestaltung eines Stoffes aus der deutschen Geschichte aber bedeutete für ihn nicht – wie für andere Dramatiker jener Jahre (Zuckmayers „Schinderhannes“) – eine romantisierende Flucht in die Geschichte. Er gestaltete vielmehr realistisch die gesellschaftlichen Ursachen für Werden und Niederlage des Bauernaufstandes von 1514 und zog mit seiner Konsequenz, daß der Aufstand noch entschiedener, einiger und straffer zentralisiert hätte erfolgen müssen, zugleich wichtige Lehren aus der Novemberrevolution und für deren mögliche Vollendung. Wolfs Bauernführer Konz bejaht noch auf dem Richtplatz die gerechte Sache der revolutionären Bauern: „Einmal wird sie wiederkommen!“ Kein Wunder, daß 1933 ein Hitlerblatt schrieb, schon 1923 hätte man erkennen müssen, daß Wolf ein Kommunist sei. In der Tat, Friedrich Wolf zog 1928 lediglich die Konsequenzen aus seiner Entwicklung ...

Er zog die Konsequenzen zur rechten Zeit: Die Weltwirtschaftskrise kündigte sich an und mit ihr eine Zeit schärfster Klassenkämpfe zwischen der zum Faschismus strebenden imperialistischen Reaktion und den bewußten, um die KPD gescharten Kräften der deutschen Arbeiterklasse. Eine klare politische wie künstlerische Konzeption war für fruchtbares Wirken jetzt nötiger denn je. Wolf besaß sie und wirkte:

Mit *Cyankali* gegen den § 218, der auch bei schwerer sozialer Notlage die legale Abtreibung der Leibesfrucht untersagte, so daß damals jährlich 10 000 Mütter, die nicht wußten, wie sie das werdende Leben ernähren sollten, an den Folgen unsachgemäßer Eingriffe starben. – Wolf erinnerte 1930 in seinem Schauspiel *Die Matrosen von Cattaro* mahnend daran, daß im Februar 1918 die Revolte der österreichischen Matrosen gegen den imperialistischen Krieg scheiterte, weil das Fehlen einer leninistischen Arbeiterpartei es verhinderte, daß sich die revolutionären Kräfte unter den Matrosen gegen opportunistische Tendenzen und das Prinzip der „parlamentarischen Abstimmung" durchsetzten und die einmal eroberten Machtpositionen entschlossen ausbauten. – Wolf rief 1931 mit seinem von Erwin Piscator inszenierten Stück *Tai Yang erwacht* nicht nur zur Solidarität mit den revolutionären Arbeitern und Bauern Chinas auf, sondern warnte zugleich – am Schicksal seiner Titelheldin – vor den gefährlichen Illusionen jeglichen Reformismus und griff damit in die dringenden Auseinandersetzungen mit der Politik der rechten SPD-Führung ein. – Er entlarvte 1932 in der Komödie *Die Jungens von Mons* anhand englischen Tatsachenmaterials die Demagogie der faschistischen Vorhut des Monopolkapitals. – Er hatte endgültig zu klarer proletarischer Parteilichkeit und bedeutender realistischer Gestaltung gefunden.

Die Faschisten, denen Wolfs Schaffen schon lange mißfiel, schlugen zurück. Als sie 1933 an die Macht kamen, zwangen sie den Dramatiker zur Emigration. Aber Friedrich Wolf gab nicht auf; im gleichen Jahr antwortete er aus Paris der Hitlerbarbarei mit seinem Schauspiel *Professor Mamlock.*

Professor Mamlock scheint auf den ersten Blick vor allem ein Stück gegen die Rassenhetze der Nationalsozialisten zu sein; Namen der faschistischen Rassenbiologen werden genannt, Theorien über die Konstanz der rassischen Erbhormone zur Diskussion gestellt. Und Wolf führt die Auseinandersetzung gleich gut als Arzt wie als Dramatiker. Als Arzt widerlegt er die Zweckthesen des Rassismus durch jene stichhaltigen Argumente, die Mamlock der Geschichte der Völker und den Forschungen der bedeutendsten Mediziner entlehnt. Als Dramatiker kontrastiert er die Phrasen des Faschisten Dr. Hellpach vom „Heldischen", dem „typisch Arisch-Germanischen", mit dem so gar nicht heldischen Verhalten dieses widerlichen Karrieristen. Die Entwicklung von Dr. Inge Ruoff unterstreicht die Entlarvung: Sie erlag einst als jugendliche „Idealistin" der Demagogie der Nazis, erkennt aber am Schluß, daß nicht der Nazi-Kommissar Hellpach, sondern der für sein Recht eintretende Jude Mamlock wie ein „Germane" handelt: „Ja, Herr Kommissar, auch mir war die Partei alles, ... mit ihren Ideen, ... ihren Zielen ... – Sauberkeit, Mut, Wahrhaftigkeit, Kameradschaft ... Wir wollten den Duckmäusern, Schiebern, den feigen Nutznießern neue Gestalten entgegenstellen, die Gestalt ... des Kämpfers, des ritterlichen Menschen ..., aber auf welcher Seite sind hier die Kämpfer und auf welcher die Waschlappen? Wo steht hier der letzte Ritter, der Soldat seiner Überzeugung, und wo ... die andern?"

Dennoch ist die Rassenfrage für den Autor nur Anlaß, um, wie er selbst betont, „die Tragödie der westlichen* Demokratie" dramatisch abzuhandeln. Der Titelheld des Stückes, Prof. Hans Mamlock, gilt Wolf vor allem als Vertreter der „gutbürgerlichen" Vorstellung vom „Rechtsstaat". Mamlock sieht im Staat eine Art über den Klassen stehendes öffentliches Organ, dem keine Rechtswidrigkeit zuzutrauen sei. Wohl aber hält er denjenigen zu allem Schlechten fähig, der den Klassencharakter des bürgerlichen Staates enthüllt.

Wie wirklichkeitsfremd eine solche Haltung ist, offenbart schon Mamlocks ständiger Versuch, Politik und Beruf zu trennen. – Wie sie den herrschenden Klassen entgegen-

* „Westlich" hier im Sinne von: bürgerlich

kommt, zeigt Mamlocks Bemühen, die Klassenwidersprüche in ein Generationsproblem umzufälschen. – Wie leicht man damit zum Werkzeug der faschistischen Rechtlosigkeit werden kann, demonstriert z. B. Mamlocks Schulfreund Dr. Seidel, der sich schließlich feige der faschistischen „Staats"-Gewalt beugt und offensichtliche Lügen publiziert.
Mamlock freilich erniedrigt sich nicht so tief. Sein Weg führt von einem „soldatisch" gefärbten bürgerlichen Liberalismus zum Einzelprotest gegen die Willkür der Nazis. Er verläuft damit zwischen den entscheidenden Fronten jener Zeit: zwischen konsequentem Antifaschismus und Faschismus. Mit seinem Sohn, dem Kommunisten Rolf, überwirft sich Mamlock, weil er – befangen in bürgerlich-politischen Vorstellungen – seine Illusion vom „Rechtsstaat" nicht preisgeben möchte. Mit den Faschisten aber gerät er in Konflikt, weil er als humanistischer Arzt die Rassendemagogie und die Brutalität der Nazis ablehnt.
Als er den Terror der Nazis am eigenen Leibe zu spüren bekommt und seine bürgerlichen Auffassungen endgültig ad absurdum geführt werden, reicht sein Protest lediglich bis zum Selbstmord. Hier offenbaren sich prägnant Größe und Grenzen dieses Mannes: Er ist mutig genug, offen „Nein!" zur faschistischen Barbarei zu sagen. Aber er erkennt zu spät, daß seine humanistischen Prinzipien nur wirklich verteidigt worden wären, hätte er so wie die Kommunisten und gemeinsam mit ihnen aktiv das faschistische Regime bekämpft.
So ist Mamlock zwar der Titelheld des Schauspiels; die positiven Helden aber verkörpert Wolf in Mamlocks Sohn und dessen Freunden – in den kommunistischen Repräsentanten des aktiven antifaschistischen Widerstandskampfes.
Diese Genossen stellen nicht nur unter unsäglichen Schwierigkeiten und ständigem Einsatz ihres Lebens die Arbeit ihrer Partei auf die Illegalität um. Sie suchen vor allem eine breite Front gegen den Faschismus zu schmieden. Deshalb schildert Wolf nicht ihr Wirken innerhalb der Partei, sondern ihre Überzeugungsarbeit denjenigen Deutschen gegenüber, die noch nicht zum antifaschistischen Widerstandskampf bereit sind.
Das Gespräch des Jungarbeiters Ernst mit Mamlocks Frau und Tochter offenbart deutlich die Schranken, die in dieser

Hinsicht sogar bei jenen bürgerlichen Menschen überwunden werden müssen, die selber bereits unter dem Terror der Nazis leiden. Der Weg Rolfs von einer anfangs noch zu wenig auf Geduld mit dem Partner gegründeten Argumentation (gegenüber dem Vater) zur sicheren und eindringlichen Überzeugungskraft (gegenüber Dr. Ruoff) zeigt indes auch, wie die Genossen es in zunehmendem Maße lernen, potentielle Verbündete zu gewinnen. Es ist nicht zuletzt das Heldentum dieser wahrhaften Vertreter der deutschen Nation, das Dr. Inge Ruoff, die zudem Rolf liebt, zur Abkehr vom Faschismus bewegt.

Wolfs Stück *Professor Mamlock* ist, seit seiner Uraufführung im Frühjahr 1934 am Theater Kaminski in Warschau, zu dem im nationalen und internationalen Rahmen wirksamsten Drama gegen den Hitlerfaschismus geworden.

Es enthüllt gleichermaßen den Zusammenhang zwischen Rassenhetze und Klassenkampf wie den Klassencharakter der faschistischen Diktatur überhaupt. Es weist die KPD als die konsequenteste Verfechterin der Interessen der ganzen deutschen Nation aus und gestaltet so überzeugend die Notwendigkeit des Zusammenschlusses aller humanistisch gesinnten Deutschen in einer breiten antifaschistischen Volksfront unter Führung dieser Partei. Damit zeugt es schon 1933 von jener Weiterentwicklung der Politik der KPD, die sich 1935 auf der Brüsseler Parteikonferenz in einer breiten, die ganze Nation einbeziehenden Volksfrontpolitik niederschlägt und zugleich die Voraussetzung bildet für die ersten Schritte, die nach 1945 zu einem sozialistischen Staat deutscher Nation getan werden.

Die Fragen und Antworten des Stücks sind auch für unsere Gegenwart von brennender Aktualität: Der Bonner Notstandsstaat forciert die Verfolgung der konsequentesten Kämpfer für Demokratie und Frieden und fördert intensiv die alten und neuen Faschisten. Eine solche verhängnisvolle Politik stellt viele Menschen Westdeutschlands vor ähnliche Alternativen wie Professor Mamlock. Sie unterstreicht zugleich die ganze Dringlichkeit jener breiten Widerstandsfront, wie sie das neue Programm der KP Westdeutschlands vorschlägt – gleichsam die Erfahrungen eines Rolf und eines Ernst fortsetzend. – Doch auch dort, wo – wie in unserer sozialistischen Republik –

Faschismus und Antisemitismus endgültig der Vergangenheit angehören, ist *Professor Mamlock* produktive künstlerische Waffe. Das Stück lotet einen bedeutenden Stoff aus der jüngsten Vergangenheit unserer Nation tief aus, dringt von den Oberflächenerscheinungen der gesellschaftlichen Wirklichkeit zu ihren Gesetzmäßigkeiten und Triebkräften vor und fängt deren Wirken in gesellschaftlich repräsentativen, lebendigen Charakteren ein. So erzieht es auch unsere Bürger auf überzeugende künstlerische Weise zu tiefem Geschichtsbewußtsein und kämpferischer sozialistischer Verantwortung gegenüber dem Humanismus und der Nation.

Leipzig, März 1958/Juli 1968 *Wilfried Adling*

1 *Danton-Zitat:* „Um die Feinde zu besiegen, braucht man Kühnheit, und noch einmal Kühnheit, immer wieder Kühnheit!"

2 *Danton:* Georges Jacques Danton (1759–1794), bedeutende Führerpersönlichkeit der Französischen Revolution; 1792 hervorragender Organisator des Widerstandes gegen die Feinde der Republik; seit 1793 in zunehmendem Maße Haupt einer bourgeoisen Opposition gegen die revolutionäre Jakobinerdiktatur Robespierres und St. Justs.

3 *„Neues Tagblatt":* fiktive, offenbar „gutbürgerliche" Zeitung.

4 *Hindenburgwahl – Mai 1932:* Reichspräsidentenwahl 1932, deren erster Wahlgang bereits im März stattfand. Kandidaten waren: Ernst Thälmann, Hindenburg und Hitler. Hindenburg, seit 1925 bereits Reichspräsident, trug dank der Unterstützung der SPD den Sieg davon.

5 *Inguinalhernie* (lat.): Eingeweidebruch in der Leistengegend.

6 *Appendizitis* (lat.): Entzündung des Wurmfortsatzes des Blinddarmes.

7 *Axillarabszeß* (lat.): Eitergeschwulst an der Achselhöhle.

8 *putride Choleozystitis* (lat./griech.): eitrige Entzündung der Gallenblase.

9 *Trauma* (griech.): Wunde, Verletzung.

10 *Brachialis:* Gemeint ist wohl die arteria brachialis (lat.), die Armschlagader.

11 *minores gentes* (lat.): die geringeren Völker, Geschlechter; hier im Sinne von „Untergebenen".

12 *Champion* (franz.): Vorkämpfer, Verfechter; hier: Meister.

13 *Sanguiniker* (lat.): leichtblütiger, lebhafter, froher Mensch.

14 *Pykniker* (griech.): Mensch von gedrungenem Körperbau mit Anlage zur Fettleibigkeit, vitaler Typ.

15 *Sequester* (lat.): abgestorbenes Knochenstück.

16 *Morituri te salutant!:* „Ave Caesar, morituri te salutant!" (lat.): „Heil dir, Cäsar, die dem Tode Geweihten grüßen dich!" – Mit diesem Ruf begrüßten im alten Rom die auftretenden Gladiatoren (Fechter) den anwesenden Kaiser.

17 *Cholektomie* (auch Cholezystektomie – griech.): operative Gallenblasenentfernung.

18 *Anomalie* (griech.): Abweichung von der Regel.

19 *Transfusion* (lat.): (Blut-)Übertragung.

20 *Hernie* (lat.): Eingeweidebruch.

21 *Situs* (lat.): Lage, Stellung, Bau.

22 *Wo die deutsche Zunge klingt...:* Vgl. Ernst Moritz Arndts (1769–1860) Gedicht „Des Deutschen Vaterland" (1813), 6. Strophe: „So weit die deutsche Zunge klingt... das, wackrer Deutscher, nenne dein!" – Arndt, der zwar nicht frei von nationalistischen Gedanken war, im wesentlichen aber ein guter Patriot, wurde von den Nazis gern zu einem ihrer Vorläufer gestempelt.

23 *Navigare necesse est, vivere non* (lat.): „Es ist nötig, zur See zu fahren, nicht zu leben!" Bekannter Ausspruch des griechischen Schriftstellers Plutarch (46–120); Inschrift am Haus der Seefahrer zu Bremen.

24 *Reichsausschuß des Hindenburgkomitees:* Anfang 1932 gebildete Vereinigung zur Unterstützung der Kandidatur Hindenburgs bei der Reichspräsidentenwahl 1932; sie wurde vor allem gefördert von der SPD, vom Zentrum, von der Deutschen Staatspartei und der Bayerischen Volkspartei. Vorsitzender war der damalige SPD-Oberbürgermeister von Berlin, Sahm.

25 *Membranoskop:* medizinisches Abhörgerät.

26 *intra muros* (lat.): zwischen den Mauern, im geschlossenen Raum.

27 *Appendektomie:* Wurmfortsatz-Operation.

28 *Koagulation* (lat.): das Gerinnen.

29 *Makkabäer:* jüdische Herrscherfamilie, die im 2. und 1. Jh. v. u. Z. die Unabhängigkeit des jüdischen Reiches von den syrischen Königen anstrebte und erkämpfte.

30 *Günter und Fritz Lenz:* unbedeutende, mit den Faschisten sympathisierende Rassebiologen.

31 *exogen* (griech.): von außen stammend.

32 *Mendelsche Art- und Rassekreuzungen:* Gregor Mendel (1822 bis 1884), bedeutender Biologe, der durch zahlreiche Versuche Vererbungsregeln entdeckte.

33 *David, der den riesigen Philister Goliath besiegte:* Der jüdische König David (reg. 1010–971 v. u. Z.) soll in seiner Jugend den Riesen Goliath (hebräisch: der „Glänzende") aus dem an der Südwestküste Palästinas siedelnden Volk der Philister besiegt haben.

34 *Simson* (auch Samson): jüdischer Volksheld, der sich in den häufigen Kämpfen der Juden gegen die Philister große Verdienste erwarb, durch seine Buhle Delila aber an die Philister verraten wurde.

35 *Gilgamesch:* Hauptheld des „Gilgamesch"-Epos, des umfangreichsten und bedeutendsten Werkes der babylonischen Literatur. Die älteste uns überlieferte Fassung stammt aus der Zeit um 1700 v. u. Z.

36 *Frobenius:* Leo Frobenius (1873–1938), Völkerkundler, Professor in Frankfurt a. M.; 1925 erschienen seine Bände „Erlebte

Erdteile", in denen er eine idealistische Kulturmorphologie darstellte, nach der jede Kultur ein beseelter Organismus ist.

37 *Livius:* Titus Livius (59 v. u. Z. bis 17 u. Z.), römischer Historiker. Die von Wolf zitierten Sätze stehen in Livius' Werk über den zweiten Punischen Krieg, den Rom von 218–201 v. u. Z. gegen den karthagischen Heerführer Hannibal (gest. 183 v. u. Z.) führte.

38 *Deutscher Waffenring:* eine der zahlreichen rechtsstehenden Splittergruppen der bürgerlichen Jugendbewegung, deren bedeutendste Dachorganisation damals der „Jungdeutsche Orden" war.

39 *in flagranti* (lat.): auf frischer Tat.

40 *Mania hallucinateria epidemica:* krankhafte Sinnesstörung (im Sinne von Massenpsychose).

41 *Harvey:* William Harvey (1578–1658), Professor der Anatomie in London, Entdecker des Blutkreislaufes (1619).

42 *Virchow:* Rudolf Virchow (1821–1902), bedeutender Mediziner (Zellenforscher), der sich zugleich aktiv in der bürgerlich-liberalen Politik betätigte.

43 *Korsakow:* Sergej Sergejewitsch Korsakow (1854–1900), russischer Psychiater. Nach ihm ist der Korsakowsche „Symptomenkomplex" genannt (Gedächtnislücken werden durch erfundene Geschichten ausgefüllt).

44 *Einstein:* Albert Einstein (1879–1955), Nobelpreisträger, einer der größten deutschen Physiker; entdeckte in seiner Relativitätstheorie die Gleichwertigkeit von Masse und Energie; wurde 1932 von der deutschen Reaktion aus Deutschland getrieben.

45 *Portepee (franz.):* Degengehenk, dessen Art zugleich den Dienstrang des Trägers andeutet; hier im Sinn von „Rang" verwendet.

46 *Kallusmasse* (lat.): Gewebe, das sich während des Heilprozesses um Knochenbrüche bildet.

47 *Skalpell:* kleines chirurgisches Messer, bei dem die Klinge unbeweglich mit dem Stiel verbunden ist.

48 *Sterilisator:* Apparat zur Entkeimung ärztlicher Instrumente von sämtlichen Bakterien.

49 *Desinfektor:* hier Apparat zur Entkeimung von Bakterien.

50 *denerviert:* entnervt, „mit den Nerven heruntergekommen".

51 *Abraham, Isaak, Jakob:* Abraham; nach jüdischer Überlieferung der Stammvater des jüdischen Volkes; Isaak: Abrahams Sohn; Jakob: Isaaks Sohn.

52 *Symbiose* (griech.): „Verbundene Lebensführung" zweier Organismen verschiedener Art bei gegenseitiger Förderung.

53 *Salus aegroti suprema lex* (lat.): Das Wohl des Kranken ist höchstes Gesetz.

INHALT